STUDIUM GENERALE
der Ruprecht-Karls-Universität
Heidelberg

D1662932

Sammelband der Vorträge
des STUDIUM GENERALE
der Ruprecht-Karls-Universität
Heidelberg
im Wintersemester 2011/2012

Von Lissabon bis Fukushima – Folgen von Katastrophen

Herausgegeben von
KARLHEINZ SONNTAG

Mit Beiträgen von
HARTMUT BÖHME

GERHARD PAUL

VOLKER STORCH

HERMANN-JOSEF TENHAGEN

HENNING WROGEMANN

Universitätsverlag
WINTER
Heidelberg

Bibliografische Information der Deutschen Nationalbibliothek
Die Deutsche Nationalbibliothek verzeichnet diese Publikation
in der Deutschen Nationalbibliografie;
detaillierte bibliografische Daten sind im Internet
über *http://dnb.d-nb.de* abrufbar.

ISBN 978-3-8253-6177-8

© 2013 Universitätsverlag Winter GmbH Heidelberg
Imprimé en Allemagne · Printed in Germany
Herausgeber: Ruprecht-Karls-Universität Heidelberg
Druck: Memminger MedienCentrum, 87700 Memmingen
Umschlaggestaltung: Klaus Brecht GmbH, Heidelberg

Gedruckt auf umweltfreundlichem, chlorfrei gebleichtem
und alterungsbeständigem Papier

Den Verlag erreichen Sie im Internet unter:
www.winter-verlag.de

INHALT

Vorwort

Allzu schnell umschreiben wir Verhaltensmuster menschlichen Alltagshandelns mit potentiell negativem Ausgang als „Katastrophe" oder „Disaster". Häufig verwenden wir diese Begriffe auch im privaten Bereich, um bei persönlichen Krisen, den mehr oder minder betroffenen Akteuren, dem Freundes- und Bekanntenkreis die (vermeintliche) Dramatik und Ernsthaftigkeit oder die Folgenschwere eines individuellen Verhängnisses zu kommunizieren.

Diese Art von Katastrophen und Disaster hat der Beirat des Studium Generale <u>nicht</u> gemeint, als er unter dem Eindruck einer Reihe jüngster Katastrophen (dessen vorläufiger Endpunkt damals gerade Fukushima war) das Thema „Von Lissabon bis Fukushima – Folgen von Katastrophen" für die Veranstaltungsreihe im WS 2011/12 auswählte.

Es sind die Naturkatastrophen und die zivilisatorischen Katastrophen oder eine Vermischung aus beidem (also anthropogen verursachte Naturkatastrophen, so genannte manmade disasters) über die hier berichtet wird. Im Mittelpunkt stehen dabei Vorträge über Wahrnehmung, Folgen und Bewältigung solcher unerwarteten Großschadensereignisse (um in der Terminologie der Versicherungswirtschaft zu sprechen) bei denen zahlreiche Menschen getötet oder verletzt, ganze Landstriche verwüstet werden und enorme volkswirtschaftliche Schäden entstehen.

Neben einer kultur- und religionsspezifischen sowie historischen und wirtschaftlichen Perspektive bei der Bewältigung von Katastrophen wird in dieser Vortragsreihe auch die Berichterstattung in den Medien und sozialen Netzwerken wie Twitter, youtube usw. eine wichtige Rolle spielen. Wir haben hierfür wieder eine Reihe ausgewiesener Experten gewinnen können.

Den Referentinnen und Referenten der Vortragsreihe sei herzlich gedankt, dass sie den Abdruck ihrer Beiträge, an die sich zum Teil sehr lebhafte Diskussionen mit den Zuhörern anschlossen, im vorliegenden Sammelband ermöglicht haben.

Frau Monika Conrad danke ich für ihr Engagement und ihre Geduld, die Programmvorschläge bis zur Durchführung der Vortragsabende realisiert zu haben und schlussendlich für die redaktionelle Betreuung dieses Sammelbandes.

Karlheinz Sonntag
Prorektor

GERHARD PAUL

Titanic – Hindenburg – Tschernobyl – Tsunami: Visuelle Katastrophenberichterstattung in historischer Perspektive

Audiovisuelle Massenmedien hätten eine besondere Affinität zu Katastrophen, befand 1940 der Filmtheoretiker Siegfried Kracauer mit Blick auf den Film.[1] Tatsächlich gibt es eine enge Verknüpfung, ja geradezu eine Symbiose von Katastrophe und Bildmedien seit dem 19. Jahrhundert. Der überhaupt erste fotografische Bildbericht der *Berliner Illustrirten Zeitung* erschien am 13. März 1892 zur Bromberger Eisenbahnkatastrophe vom 4. März 1892. Zwischen einer Katastrophe und ihrer visuellen Abbildung in der Massenpresse konnten damals noch Tage oder Wochen liegen. Zudem gerieten Katastrophen immer erst im Nachhinein in den Fokus der Medien. Erst seit den 1930er Jahren hat sich die Medientechnik so weit entwickelt und verbreitet, dass Katastrophen auch im Augenblick ihres Geschehens abgebildet werden können, und erst seit Beginn unseres Jahrhunderts sind wir medial in der Lage, an Katastrophen in Echtzeit bzw. im 3-D-Format demnächst auch räumlich teilzuhaben. Gleichwohl gibt es weiterhin Katastrophen, die keinen medialen Widerhall im Bild finden und daher in der modernen Mediengesellschaft nicht eigentlich stattgefunden haben.

Meine sehr verehrten Damen und Herren! Ich bin Bild-Historiker, der sich vornehmlich mit der Berichterstattung visueller Medien über historische Ereignisse befasst und den

---

[1] Siegfried Kracauer: *Das Grauen im Film* (1940), in: ders.: *Kino. Essays, Studien, Glossen zum Film*. Frankfurt/M. 1974, S. 26 f.

besonders drei Fragen interessieren: Wie haben die modernen Bildmedien über die großen Katastrophen in der Geschichte berichtet? Wie haben sie diese im Medium Bild konstruiert und wie wurde das kollektive Gedächtnis über sie geformt? Das ist der Fokus, unter dem ich die nachfolgenden Katastrophen betrachten werde.[2]

Im Zentrum meines Vortrages stehen vier Bilder, die im kollektiven Bildgedächtnis heute für vier Katastrophen – drei Technikkatastrophen und eine Naturkatastrophe – stehen: die erstmals in der populären Familienillustrierten *Gartenlaube* publizierte Zeichnung des deutschen Marinemalers Willy Stöwer vom Untergang der *Titanic* 1912, die Fotografie des amerikanischen Pressefotografen Sam Shere von der Havarie der *Hindenburg* 1937, die Aufnahme des sowjetischen Kriegsfotografen Igor Kostin vom geborstenen Reaktor von Tschernobyl 1986 sowie schließlich die Aufnahme des indischen Fotografen Arko Datta von den Opfern des Tsunami 2004.[3] Ausgeblendet lasse ich die großen *politischen* Katastrophen: den Ausbruch des Ersten Weltkriegs, den Abwurf der Atombomben über Hiroshima und Nagasaki und 9/11. Hier verweise ich auf meinen Bildatlas des 20. und beginnenden 21. Jahrhunderts.[4]

Bei alle diesen Bildern handelt es sich um Ikonen, genauer: um Medienikonen.[5] Unter diesem Begriff verstehen wir Bild-

---

[2] Nicht werde ich eingehen auf die Bedeutung der Katastrophe in der bildenden Kunst, siehe hierzu Tanja Wessolowski: *Naturkatastrophe*, in: Uwe Fleckner/Martin Warnke/Hendrik Ziegler (Hrsg.): *Handbuch der politischen Ikonographie*. Bd. II, München 2011, S. 182–187; Max Wechsler: *Von der Not, die Katastrophe in ein Bild zu fassen*, in: *Zeitschrift für Schweizerische Archäologie und Kunstgeschichte* 52 (1995), S. 72–74, sowie demnächst ausführlich die Habilitationsschrift von Jörg Trempler (HU Berlin) zum Thema „Katastrophen. Bild und Bedeutung".

[3] Alle genannten Bilder finden sich z. T. im farbigen Großformat abgebildet in Gerhard Paul: *Das Jahrhundert der Bilder*, 2 Bde. (I: 1900–1949; II: 1949 bis heute), Göttingen 2008/09.

[4] Ebd.

[5] Zum Begriff der Medienikone siehe Kathrin Fahlenbrach: *Ikonen in der Geschichte der technisch-apparativen Massenmedien. Kontinuitäten und*

schöpfungen der technischen, elektronischen und digitalen Medien, die durch die Art ihrer Gestaltung, ihren über das abgebildete Ereignis hinausweisenden symbolischen Mehrwert und die Weisen ihrer Reproduktion als visuelle Markierungen der Erinnerung aus der alltäglichen Bilderflut herausragen. Für den Betrachter in der Regel nicht erkennbar, haben sich in diese Bilder mediale Techniken, Formate und Ökonomien eingeschrieben. Im Einzelnen können wir verschiedene Typen von Medienikonen unterscheiden: politische Ikonen, Ereignisikonen, Ikonen der Popkultur, Werbeikonen, kulturelle Ikonen sowie personenbezogene Ikonen, sogenannte Bio-Ikonen. Unsere vier Bilder möchte ich der Gruppe der ‚Ereignisikonen' zuordnen.

Wie alle Bilder sind Medienikonen immer Abbild und Bild zugleich. Nur aufgrund ihrer Eigenschaft *Bild* zu sein, sind sie überhaupt in der Lage Wirkung zu entfalten. Wie ihre religiösen Vorläufer verfügen Medienikonen zudem über einen besonderen Doppelcharakter: sie sind Abbild eines kollektiv erlebten Ereignisses oder einer Person; zugleich verfügen sie über eine Bildgeschichte, die ihre Deutung vorgibt und die sich zunehmend über das Abbild legt. Durch die massenmediale Verbreitung und ihren Gebrauch können sich Bedeutung und Wahrnehmung der Medienikonen beständig verändern, sich von ihrem spezifischen Entstehungskontext abkoppeln und ein Eigenleben führen.

Vier Katastrophen

Lassen Sie mich zunächst kurz die Ereignisse rekapitulieren, um die es geht.

Beispiel 1: Am 14. April 1912 kollidierte der *Royal Mail Steamer Titanic* während seiner Jungfernfahrt nach New York gleich mehrfach mit einem Eisberg und versank wenig später im

Diskontinuitäten medienhistorischer Ikonisierungsprozesse, in: Matthias Buck/Florian Hartling/Sebastian Pfau (Hrsg.): *Randgänge der Mediengeschichte. Festschrift für Manfred Kammer*, Wiesbaden 2009, S. 59–75, sowie Gerhard Paul: *Bilder, die Geschichte schrieben. Medienikonen des 20. und beginnenden 21. Jahrhunderts. Eine Einleitung*, in: ders. (Hrsg.): *Bilder, die Geschichte schrieben*, Göttingen 2011, S. 7–16.

nördlichen Atlantik. Etwa 1.500 Passagiere und Mannschaftsmitglieder fanden dabei den Tod, unter ihnen zahlreiche Per-
sönlichkeiten der anglo-amerikanischen Gesellschaft. Zu etwa
Dreivierteln gehörten die Opfer der dritten Klasse und der
Mannschaft an, u. a. weil diese Gruppen kaum gewarnt wurden
und ihnen ein direkter Zugang zu den Rettungsbooten verwehrt
blieb. Schon vor ihrer Jungfernfahrt galt die *Titanic* als Meisterwerk der Ingenieurskunst, war bekannt wegen ihres Luxus in
der ersten Klasse und für ihre innovative Sicherheitsausstattung.

Beispiel 2: Am 6. Mai 1937 befand sich das Luftschiff *Hin-
denburg* am Ende seines 63. Fluges. Unter Begleitung der
Schiffssirenen und Autohupen hatte LZ 129 gegen 15.00 Uhr
New York überflogen. Gegen 19.00 Uhr näherte sich das gigan-
tische Luftschiff, an dessen Heckruder beidseitig das Haken-
kreuz prangte, dem Ankermast in Lakehurst im US-Bundesstaat
New Jersey. Um 19.21 Uhr – das Luftschiff hatte noch eine
Höhe von 80 Metern – wurden die Bugtaue, mit denen das
Schiff an den Landemast herangeführt werden sollte, zu Boden
gelassen. Vier Minuten später erschütterte eine Explosion die
Hindenburg, die daraufhin zu Boden sank und in 47 Sekunden
in einem gewaltigen Feuerball ausbrannte. Aus sicherer Distanz
mussten die wartenden Journalisten, die Landemannschaft und
etliche Zuschauer mitansehen, wie Passagiere aus dem Schiff
katapultiert wurden, aus großer Höhe zu Boden stürzten oder
verletzt und verwirrt zwischen den Wrackteilen Hilfe suchten.
In dem Flammeninferno starben 35 der 97 an Bord befindlichen
Menschen; ein Mitarbeiter der Landecrew wurde von herab-
fallenden Trümmerteilen erschlagen.

Beispiel 3: Als Folge einer Kernschmelze und einer Explosion in Block 4 des Kernreaktors von Tschernobyl kam es am
26. April 1986 zu einer der schwersten nuklearen Katastrophen
der Geschichte. Konstruktionsmängel des Reaktors und Bedie-
nungsfehler hatten einen Super-GAU ausgelöst. Die nukleare
Kettenreaktion begann um 1:24 Uhr Ortszeit. Die Folge: eine
Explosion, die die Abdeckplatte des Reaktors wegsprengte, so
dass der Reaktorkern direkte Verbindung zur Atmosphäre

erhielt. In einem Feuersturm wurden große Mengen radio-aktiven Materials in die Luft geschleudert. Um das brennende Grafit im Reaktorkern zu isolieren, begann man am Tag nach der Explosion 5.000 Tonnen Löschmaterial auf den Reaktor von Block 4 zu schütten. Zur gleichen Zeit lief die Evakuierung der in der Nähe liegenden Stadt Prypjat an. Unmittelbar nach der Katastrophe bis Jahresende 1987 legten etwa 200.000 Helfer, sogenannte Liquidatoren, einen provisorischen Betonmantel um den havarierten Reaktorblock, wobei sie extrem hohen Strahlen-belastungen ausgesetzt waren.

Beispiel 4: In den Morgenstunden des 26. Dezember 2004 erschütterte eine Folge von Erdstößen den Meeresboden west-lich der indonesischen Insel Sumatra. Das Beben hatte eine Stärke von 8,9 auf der Richterskala. Es war damit eines der stärksten Beben, die je gemessen wurden. Durch das Senken des Meeresbodens wurden mehrere, z. T. bis auf 30 m anschwellen-de Flutwellen ausgelöst, die noch acht Stunden später auch an den Küsten in Ostafrika schwere Zerstörungen anrichteten. Mit über 300.000 Todesopfern stellte der Tsunami eine der größten Flutkatastrophen seit Beginn der Geschichtsschreibung dar. An den betroffenen Küsten hielten sich nicht nur dort ansässige Einwohner, sondern auch zehntausende Touristen aus Amerika, aus Australien und Europa auf, was für die Berichterstattung be-deutsam werden sollte.

Mediale Berichterstattungstechniken und die Ikonisierung der Katastrophe

Diesen sehr unterschiedlichen Katastrophen entsprachen unter-schiedliche mediale Rahmenbedingungen, Berichterstattungs-techniken und -routinen sowie Deutungsmuster, die sich in die Medienbilder ‚eingeschrieben' haben.

Dass der Untergang der *Titanic* eine geradezu mythische Kraft entwickelte, hatte mehrere Gründe: die Anzahl der Verun-glückten, die Prominenz zahlreicher Opfer, die Größe des Schiffs, seine luxuriöse Ausstattung und seine angebliche Un-

sinkbarkeit. Zum „journalistischen Scoop" konnte der Untergang indes nur dadurch werden, dass bestimmte mediale Vor-
aussetzungen erfüllt waren: die Etablierung einer Massenpresse,
eine fotografisch geprägte Visualität der Berichterstattung sowie
bereits eine hohe Übermittlungsgeschwindigkeit von Nachrichten.[6]

Obwohl die *Titanic* nachts um 1.30 Uhr gesunken war und es
außer einem von der Presseagentur AP aufgefangenen Notruf
keine weiteren Informationen über die Katastrophe gab, wusste
die *New York Times* schon in ihrer Morgenausgabe zu berichten,
dass Opfer der Kollision nicht zu beklagen seien. Andere
Zeitungen meldeten gar, die *Titanic* habe es aus eigener Kraft
noch bis nach Halifax geschafft. Um Aktualität zu suggerieren
und die Nase auf dem Nachrichtenmarkt vorne zu haben, wurden die wenigen Informationen fantasievoll ausgeschmückt. Der
Zwang zur Exklusivberichterstattung veranlasste die *New York
Times* gar, den Funker eines dem Unglücksort sich nähernden
Schiffes zu bestechen, keine weitere Nachricht über die Katastrophe mehr abzusetzen; zugleich war es der Zeitung gelungen,
einen Redakteur an Bord des Hilfsschiffes zu schleusen. Wie
sehr aber auch die Medienrezipienten bereits mit den Mechanismen des Nachrichten- bzw. Bildermarktes vertraut waren, zeigte
sich darin, dass die Passagiere des Hilfsschiffes Fotografien der
Geretteten den Zeitungen zu Höchstpreisen offerierten.

Der Untergang indes selbst war bilderlos geblieben. Der
Zwang, Nachrichten zu visualisieren und die Leser qua Bild am
Ereignis teilhaben zu lassen, war bereits 1912 so stark, dass
Pressezeichner gebeten wurden, die wagen Nachrichten zu visu-
alisieren. Diese einzig der Fantasie der Zeichner entstammenden
Bildentwürfe wurden so zu bildlichen Repräsentationen des
Ereignisses. Zum historischen Referenzbild[7] der Katastrophe in

---

[6] Frank Bösch: *Transnationale Trauer und Technikkritik. Der Untergang
der Titanic*, in: Friedrich Lenger/Ansgar Nünning (Hrsg.): *Medienereignis-
se der Moderne*, Darmstadt 2008, S. 7994.
[7] Zu diesem Begriff ausführlich Martin Hellmold: *Warum gerade diese
Bilder? Überlegungen zur Ästhetik und Funktion der historischen*

Deutschland avancierte die eine Doppelseite füllende Zeichnung des Marinemalers Willy Stöwer, ein Protegé von Kaiser Wilhelm II.[8] Die Zeichnung erschien am 2. Mai 1912 und damit zweieinhalb Wochen nach der Katastrophe in der illustrierten Familienzeitschrift *Gartenlaube*. Sie zeigt ein offensichtlich auf ein als Hindernis kaum zu übersehendes Eisfeld aufgelaufenes Schiff. Obwohl im hinteren Bildteil platziert, zieht dieses aufgrund seiner Größe, seiner Situierung in der Bildmitte und einer Licht-Schatten-Dramaturgie den Großteil der Aufmerksamkeit des Betrachters auf sich. Der Bug des Ozeanriesen ist bereits in den Fluten abgetaucht. Er hat dabei zahlreiche Kabinen mit unter Wasser gezogen, während das Heck noch aus dem Meer herausragt. Noch sind alle Bullaugen oberhalb der Wasserlinie erleuchtet und die Maschinen unter Dampf. Selbst der Schornstein stößt noch Rauch aus. Im nächsten Augenblick wird das ganze Schiff vom Meer verschlungen sein. Ein im linken Vordergrund befindliches Rettungsboot entfernt sich wie andere von dem sinkenden Schiff. In ihm sind vor allem Männer zu sehen, darunter nicht wenige Mannschaftsmitglieder. Da Stöwer das Rettungsboot eine harte, unter dem herausragenden Kiel der *Titanic* entlang laufende Sperr-Linie erzeugen lässt und den Horizont unterhalb der Bildmitte ansetzt, entsteht beim Betrachter der Eindruck, Zuschauer eines Geschehens zu sein, an dem er aber keinerlei Beteiligung hat. Mit seinem Bild bediente Stöwer das vor allem in der deutschen Presse prononciert kolportierte Deutungsmuster von britischer Leichtfertigkeit, Unfähigkeit, Feigheit, Unmännlichkeit und Selbstsucht als Ursachen der Katastrophe. Ganz anders dagegen die Illustrationen im angelsächsischen Raum, in denen entweder der vorbildhafte Ablauf der Rettungsarbeiten betont oder auf die übermächtigen

Referenzbilder moderner Kriege, in: Thomas F. Schneider (Hrsg.): *Kriegserlebnis und Legendenbildung. Das Bild des ‚modernen' Krieges in Literatur, Theater, Photographie und Film*, Bd.1, Osnabrück 1999, S. 3450.
[8] Ausführlich zu diesem Bild Günter Helmes: *Der Untergang der Titanic. Modellkatastrophe und Medienmythos*, in: Paul (Hrsg.): *Das Jahrhundert der Bilder*, Bd. I, S. 124–131.

Naturgewalten fokussiert wurde. Alle diese Zeichnungen waren eher gezeichnete Kommentare und Deutungen, denn realitätsorientierte Abbildungen des Geschehens.

Abb. 1: Willy Stöwer, „Untergang der Titanic" (1912); Illustrationsauftrag für die *Die Gartenlaube* Nr. 19, 2.5.1912.

Wie der Untergang der *Titanic* war auch die Havarie der *Hindenburg* 25 Jahre später ein transnationales Medienereignis mit völlig neuen Dimensionen auch und gerade in der Bildberichterstattung. Und wie bei der *Titanic* liegen die Gründe hierfür zunächst in der ästhetischen und symbolischen Aufladung der Zeppeline und speziell der *Hindenburg* selbst, die diese schon vor dem Unglück zur transatlantischen Ikone des Fortschritts und zur „Titanic der Lüfte" gemacht hatte. Über ihre funktionalen Bedeutungen und ihre sinnliche Valenz hinaus besaßen die Zeppeline eine starke symbolische Ausdruckskraft. Speziell in Deutschland wurden sie als Meisterwerk deutscher Ingenieurskunst, als nationale „Ikonen des Fortschritts" und als „Signum der Moderne schlechthin" gefeiert. Nach der Niederlage Deutschlands im Ersten Weltkrieg fungierten sie gleichsam als „technisches Nationalsymbol."[9]

Zum zeitgenössischen Medienereignis wurde die Havarie indes vor allem dadurch, dass erstmals ein Unglück im Augenblick des Geschehens in stehenden und bewegten Bildern sowie in einem Originalton dokumentiert wurde und sich die beteiligten Medien dabei gegenseitig ihre Augenzeugenschaft beglaubigten.[10]

Obwohl die Ankunft eines Zeppelins keine wirkliche Sensation mehr war, erwarteten mehr als zwei Dutzend Foto- und Rundfunkreporter sowie vermutlich etwa 15 Angehörige von Filmteams die *Hindenburg*. Außerdem war eine nicht zu beziffernde Anzahl von Amateurfotografen – auch das ein Novum – vor Ort, die entweder auf Reisende warteten oder selbst nach Europa fliegen wollten. Obwohl die Kameramänner ihre Filmkameras in Stellung gebracht hatten, fing keiner von ihnen die ersten Sekunden des Unglücks ein. Diese mussten ihre schweren Kameras erst in Gang bringen. Sie hielten daher ausschließlich die Phase nach der zweiten Explosion sowie die Rettungs- und Löscharbeiten im Film fest. Bildgeschichtlich bedeutsam wurden daher vor allem die Aufnahmen der Fotografen.

---

[9] Astrid Deilmann: *Nationale Orientierung und Möglichkeitssinn. Technik- und Wissenschaftsfotografie in Illustrierten am Beispiel Luftfahrt in Berliner Illustrirter Zeitung* und *Kölnischer Illustrierter Zeitung 1919-1932*, in: Diethart Kerbs/Walter Uka (Hrsg.): *Fotografie und Bildpublizistik in der Weimarer Republik*, Bönen 2004, S. 105.

[10] Ausführlich zur Medienberichterstattung über die Havarie der *Hindenburg* siehe Saskia Frank: *Zeppelin-Ereignisse. Technikkatastrophen im medialen Prozess*, Marburg 2008, sowie Gerhard Paul: *Lakehurst. Transatlantisches Medienereignis und die (Un-)sichtbarkeit der Katastrophe*, in: ders.: *BilderMACHT. Studien zur Visual History des 20. und 21. Jahrhunderts*, Göttingen 2013, S. 101–134.).

Abb. 2: Die vermutlich am meisten reproduzierte Aufnahme der Zeppelin-Katastrophe von Lakehurst am 6.5.1937 des Fotografen der New Yorker Agentur *International News Photos*, Sam Shere.

Schauen wir uns die mediale Berichterstattung genauer an, so stechen im Unterschied zum Untergang der *Titanic* folgende mediale Charakteristika hervor: die Sichtbarkeit des Ereignisses, die beschleunigte Bildübermittlung, die synchrone Berichterstattung gleich mehrerer Medien, deren selbstreferenzielle Würdigung sowie die Verdichtung der Katastrophe in einem einzelnen Bild, d. h. die Ikonisierung des Ereignisses.

Die Aufwertung der Havarie der *Hindenburg* zur „Jahrhunderttragödie"[11] lag vor allem darin begründet, dass nun erstmals Bild-, Film- und Tonaufnahmen vom eigentlichen Unglücksvorgang existierten und das Publikum zeitnah am Geschehen

---

[11] So etwa Guido Knopp: *100 Jahre. Die Bilder des Jahrhunderts*, München 1999, S. 137.

teilhaben ließ. Letztlich war damit Sichtbarkeit konstitutiver Bestandteil der Katastrophe geworden. Erstmals fielen zudem Ereignis und kollektive Wahrnehmung fast zeitgleich zusammen. Voraussetzung hierfür war vor allem die weitere Beschleunigung in der Bildübermittlung. Der erst 1935 gegründete *AP-Wirephoto Service* versendete die gemachten Aufnahmen unmittelbar nach der Havarie an die amerikanische Westküste und nach Europa, wo diese noch am selben Tag bzw. am darauf folgenden Morgen erscheinen konnten. In Deutschland wurden die ersten Funkbilder aus Lakehurst am 8. Mai publiziert: zwischen dem Ereignis und der Publikation seines Bildes lagen nicht einmal mehr 36 Stunden. Fast zeitgleich zu den Fotografien und den Zeitungsberichten gelangte die Reportage von Herbert Morrison am Mittag des 7. Mai in den USA zur Ausstrahlung. Zahllose Zuhörer waren überzeugt, die Katastrophe live an ihrem Radiogerät zu erleben.

Auffällig ist, dass in zahlreichen Blättern, besonders in den USA selbst, die neue Form der Berichterstattung Gegenstand redaktioneller Kommentare war und z. T. die eigentliche Tragödie überlagerte. Auf der Titelseite des *San Francisco Chronicle* finden sich gleich drei Hinweise auf die neue Form der Bildberichterstattung. Am nachdrücklichsten war die selbstreferenzielle Würdigung im *Sunday Mirror*, der die Farbaufnahmen der Havarie von Gerard Sheedy als journalistischen Meilenstein der Berichterstattung feierte.[12] Die Kommentierung der Bilder machte ein neues Muster der Katastrophenberichterstattung deutlich: die Art der Berichterstattung über das Ereignis war wichtiger geworden als das Ereignis selbst. Erfolgsmeldungen über neue Formen der medialen Berichterstattung überschrieben die menschliche Tragödie.

Erstmals in der Mediengeschichte fand eine Synchronisierung der kollektiven Wahrnehmung des Ereignisses in seiner Verdichtung zu einer ikonischen Fotografie statt – ein Prozess,

---

[12] *Sunday Mirror,* 23.5.1937. Einige Farbreproduktionen der Bilder dieses Artikels finden sich in Paul (Hrsg*.): Das Jahrhundert der Bilde*r, Bd. I, S. 537 f.

der als „synchrone Ikonisierung" bezeichnet wird.[13] Vor allem
die Aufnahme von Sam Shere geriet dabei zum sogenannten
„primary visual marker".[14] Sie fand international Verbreitung,
erlebte einen Medientransfer sondergleichen und sprang später
auch auf andere Bildträger wie Poster, Briefmarken, Buch- und
Album-Cover, T-Shirts über. Insbesondere durch ihren speziel-
len symbolischen Appeal ragte sie aus der Vielzahl der Aufnahmen hervor.

Ein perfektes Nachrichtenbild entsteht nicht zufällig. Es ist
wie jedes andere Bild Teil einer Bildfolge, die „benennbaren
formalen Regeln" und „Fluchtlinien des Augenblicks" folgt.[15]
Nach Bernd Stiegler entscheidet die formale Komposition eines
jeden einzelnen Bildes im Sucher des Fotografen, d. h. das
Verhältnis von Apparat und Gegenstand, die Komposition der
Linien und Inhalte, die Verteilung von Licht und Schatten, die
Beziehung von Vorder- und Hintergrund, letztlich darüber, ob
der Fotograf den Auslöser betätigt oder nicht. Damit definiert
nicht so sehr der Ereigniswert, sondern der Bildstatus eines
Bildes, ob dieses gelungen ist oder nicht.

Die ungeordnet durch das Bild laufenden, nur als Schatten zu
erahnenden Menschen sowie der aus dem Bild aufsteigende
Qualm und das Feuer des brennenden Luftschiffs weisen die
Fotografie zunächst als authentische Momentaufnahme aus und
suggerieren dem Publikum, als Beobachter am Geschehen teilzuhaben. Da sich das brennende Luftschiff bereits aus der
stabilen horizontalen Lage gelöst hat und im nächsten Augenblick auf den Boden aufzuschlagen droht, imaginiert Sheres
Aufnahme zudem eine zeitliche Abfolge von der Explosion über

---

[13] Fahlenbrach: *Ikonen in der Geschichte der technisch-apparativen Massenmedien.* S. 61.

[14] Robert Hariman/John Louis Lucaites: *No Caption Needed: Iconic Photographs, Pubic Culture, And Liberal Democracy*, Chicago/London 2007, S. 388, Anm. 12.

[15] Bernd Stiegler: *Katastrophen und ihre Bilder*, in: Christian Kassung (Hrsg.): *Die Unordnung der Dinge. Eine Wissens- und Mediengeschichte des Unfalls*, Bielefeld 2009, S. 238.

den Absturz bis hin zum Zerbersten und Ausbrennen auf dem Boden. In diesem Sinne ist sie ein narratives Bild mit einem Vorher und einem Nachher. Wie andere historische Referenzbilder evoziert die Fotografie zugleich eine synästhetische Wahrnehmung: den Knall der Explosion, das lodernde Feuer, den Krach des berstenden Aluminiumgerippes sowie das Schreien der Menschen, wodurch der Betrachter zusätzlich in das Geschehen involviert wird.

Vor allem durch seinen formalen Bildaufbau ragt Sheres Aufnahme aus den Bildern der Katastrophe hervor. Dieser weist dem Bild zugleich eine bestimmte Deutung zu. Die Größe des Luftschiffs wird durch visuelle Bezugsgrößen im Bild selbst, durch die Höhe des Ankermastes, der Gebäude und die winzigen Menschen am Boden erkennbar. Der Feuerball, dessen Ausmaß noch den Zeppelin selbst überragt, scheint seinen Ausgangspunkt direkt vom Zentrum des Bildes aus zu nehmen. Dieser ist das kompositorische Kraftzentrum der Aufnahme. Das explodierende Luftschiff befindet sich direkt auf der nach rechts abfallenden Diagonalen; während der stählerne Ankermast etwas versetzt zur Bildmitte die Vertikalachse bezeichnet. Die Komposition vermittelt den Eindruck, als ob das Luftschiff wie an einem Angelpunkt am oberen Ende des Mastes hängt und von dort getrieben nach rechts unten wegstürzt. Der obere Teil des Landemastes, auf dem bei genauerer Betrachtung drei Arbeiter des Landepersonals zu erkennen sind, die das Luftschiff an der Mastspitze vertäuen sollten, scheint der eigentliche Ausgangspunkt der Explosion zu sein, letztlich somit die Menschen selbst, deren Konturen sich schemenhaft im Gegenlicht vor dem Explosionsblitz abheben. Die Aufnahme spiegelt wie das Geschehen selbst eine ausgeprägte Dynamik wider, die sich allerdings in entgegengesetzte Richtungen bewegt: der Feuerball, dessen Flammen nach oben aus dem Bild schießen, und das Luftschiff, das nach unten, zum Boden hin wegkippt. Während die entsprechend unserer Leserichtung ausgerichtete, von links unten nach rechts oben verlaufende Diagonale Bewegung und Fortschritt ausstrahlt, ist die gegenläufige, abfallende Diagonale von links oben nach rechts unten kulturell eher negativ konnotiert. Sie symbolisiert Rückschritt und Untergang. Durch das diagonal im Bild platzierte Luftschiff und den aufsteigenden Qualm ist der Blick in den Raum zudem versperrt, was den Eindruck von Niedergang und Zukunftslosigkeit noch verstärkte und die Aufnahme zum Symbol des Untergangs machte.

Der Bildaufbau konstruiert auf diese Weise ein allegorisches Tableau: die stählerne Konstruktion des Ankermastes, das bereits erkennbare Aluminiumgerippe des explodierenden Luftschiffs, einige am Boden das Geschehen verfolgende winzige menschliche Schatten und eben jene schwarze Gestalten im Gegenlicht auf der Spitze des Landesmastes, gleichsam im Zentrum des Infernos. In der Fotografie dominieren somit ausschließlich Symbole der industriellen Zivilisation in Gestalt von Luftschiff und Ankermast und die von ihr entfesselten, nicht mehr zu bändigenden Kräfte über die Menschen. Luftschiff und Ankermast kreierten gleichsam eine Wertehierarchie, in der die technologische Beherrschung der Welt über die menschliche Interaktion obsiegt hatte. Vor allem hierin dürfte der symbolische, über das Unglück hinausweisende Mehrwert der Fotografie gelegen und diese zum Sinnbild einer überindustrialisierten Gesellschaft gemacht haben, die die Geister, die sie rief, nicht mehr zu bannen vermochte. Die Folgen der Havarie für die beteiligten Menschen indes blieben außerhalb des Rahmens der Aufnahme. Bilder der Opfer wurden zeitgenössisch kaum einmal publiziert.

Stattdessen dominierte eine distanzierend-technische Ordnungsperspektive auf die Katastrophe. Denn den Bildern aus Lakehurst waren verschiedene Modellierungsmuster eingeschrieben, die das Geschehen aus der Schockstarre herauslösten und kommunizierbar machten. Das Festhalten des Ereignisses im Bild transformierte das komplexe dreidimensionale Ereignis zunächst in die stille zweidimensionale Realität der Fotografie oder des Filmes. Diese fingen die entfesselten Kräfte in einem statischen bzw. bewegten Rahmen ein und bannten diese gleichsam. Mit ihnen gerann die Katastrophe zum Standbild bzw. zum Filmstreifen, wodurch sie zugleich eine neue ästhetische Anmutung erhielt. In diesem medialen Transformationsprozess entstand etwas qualitativ Neues. Bereits durch das Aufsplitten und die Fragmentierung des Ereignisses in Einzelbilder fand eine mediale Neu-Inszenierung statt, die eine völlig andere Grammatik besaß als das Ereignis selbst und völlig anderen Regeln folgte. Das Ereignis als solches gerann „förmlich zu einem Kunstakt".[16] Als Pressefotografie verlor es seine Zufälligkeit, indem es in eine (vertraute) Ordnung der Bilder eingefügt wurde. Fassen wir die Ergebnisse der Analyse noch einmal zusammen, so zeichneten folgende Elemente die Medienikone „Lakehurst" aus: authentische Momentaufnahme und Suggestion von Teilhabe, narratives Bild, Evozieren einer synästhetischen Wahrnehmung, kompositorische Kraft im Bildaufbau, die Konstruktion eines allegorischen Tableaus sowie die Eliminierung der menschlichen Tragödie.

Dass die fiktionale Zeichnung von Wilhelm Stöver vom Untergang der *Titanic* und der Schnappschuss von Sam Shere von der explodierenden *Hindenburg* zu den Urbildern der visuellen Katastrophenberichterstattung wurden und beständig reproduziert und zitiert werden – gestatten sie mir diese Assoziation –, mag auch daran gelegen haben, dass sie gleichsam eine bildliche Umsetzung des aus dem Griechischen zusammengesetzten Wortes „Katastrophe" (κατά = „herab"-, „nieder", und στρέφειν = „wenden") im Sinne von Herabwenden, Wendung zum Niedergang liefern. Dass sich dem kollektiven Gedächtnis die Bilder der Katastrophen vom Untergang der *Titanic* und der Havarie der *Hindenburg* eingebrannt haben, hängt vermutlich auch mit ihren spezifischen symbolischen Bedeutungen zusammen. Denn beide Katastrophen gelten heute als Symbole des zerstörten Glaubens an den technischen Fortschritt; und beide erscheinen als Fanal jeweils zwei Jahre vor den großen *politischen* Katastrophen des 20. Jahrhunderts:

---

[16] Frank: *Zeppelin-Ereignisse*, S. 181.

dem Ausbruch des Ersten Weltkriegs 1914 und dem Beginn des Zweiten Weltkriegs 1939.

Auch die nächste Katastrophe kann als Wendepunkt gedeutet werden: der Supergau von Tschernobyl drei Jahre vor dem Zusammenbruch der Sowjetunion und dem Ende des Kalten Krieges. Die Berichterstattung über den Supergau von Tschernobyl indes stellt sich wiederum völlig anders dar als die beiden vorangegangenen Katastrophen.[17] In die Repräsentationen dieses Ereignisses sind noch ganz die Bedingungen der Bildproduktion und -distribution der Sowjetdiktatur ‚eingeschrieben'. Trotz Glasnost und Perestroika dauerte es fast 20 Stunden, bis die sowjetische Nachrichtenagentur *TASS* am 28. April 1986, 21.00 Uhr Ortszeit, den Unfall in Tschernobyl bekanntgab. Eine halbe Stunde später wurde im sowjetischen Fernsehen eine Meldung verlesen, dass ein Reaktor in Tschernobyl beschädigt sei und man „Maßnahmen zur Beseitigung der Folgen der Havarie ergriffen" habe. Unter Bezugnahme auf *TASS* setzte um 19.32 Uhr Mitteleuropäischer Zeit die Presseagentur *dpa* eine erste „Eilmeldung" ab, derzufolge in Tschernobyl „ein Schaden an einem Atomreaktor aufgetreten" sei. Da keine aktuellen Bilder verfügbar waren, blieb die Katastrophe zunächst bilderlos.

Erst am Abend des 29. April berichteten die deutschen Medien ausführlicher über die Katastrophe, so die *Tagesschau* mit der Insertzeile „Nuklearbrand nicht unter Kontrolle". Da es kein Filmmaterial vom Unglücksort gab, begnügte man sich mit einem Schwarzweißbild des Reaktors und sprachlichen Formulierungen wie „Störfall" u. Ä. Eine erste Reportage aus dem Katastrophengebiet ließ bis zum 7. Mai auf sich warten. Am Tag zuvor war in Kiew eine Panik ausgebrochen. Der Zwang Nachrichten zu bebildern, führte im US-Fernsehen zu einem peinlichen Versehen. Statt eines Fotos des Reaktors präsentierte

---

[17] Siehe Gerhard Paul: *Tschernobyl. Die Unsichtbarkeit der atomaren Katastrophe*, in: ders. (Hrsg.): *Das Jahrhundert der Bilder*. Bd. II, S. 524–531.

man den Zuschauern das Bild eines Zementwerkes in Italien, das dem Unglücksreaktor täuschend ähnlich sah.

Das Foto vom Unglückstag, das in den ersten Tagen die Berichterstattung dominierte, stammte von dem Werksfotografen des Kraftwerkes Anatoli Rasskasov.[18] Von seinen Vorgesetzten hatte er den Auftrag erhalten, den zerstörten Reaktor zu fotografieren, ohne dass ihm und seinen Begleitern zunächst bewusst war, was sich genau ereignet hatte, geschweige denn, welche Gefahren von dem Reaktor ausgingen. Gegen 14 Uhr schickte die Werksleitung Rasskasov auf einen Erkundungsflug über den Reaktor. Aus dem geöffneten Fenster des Helikopters schoss Rasskasov einige Bilder, u. a. mit der aus dem Reaktorinneren aufsteigenden, stark strahlenden Rauchfahne. Nachdem Rasskasov seine Aufnahmen gemacht hatte, entwickelte er seine Filme, um festzustellen, dass die meisten Aufnahmen infolge der hohen radioaktiven Strahlung geschwärzt und daher unbrauchbar waren. Einige Abzüge – darunter das Foto aus dem Helikopter – sowie die Negative übergab er noch am Abend den Mitarbeitern des Notfallstabes. Die restlichen Aufnahmen konfiszierten die Sicherheitsbehörden.

---

[18] Zu Anatoli Rasskasov siehe Susanne Boos: *20 Jahre Schweigen*, in: *WOZ. Die Wochenzeitung* (Zürich), 27.4.2006.

Abb. 4: Anatoli Rasskasov, konfiszierte Helikopteraufnahme des Reaktorblocks 4 des Kernkraftwerks Tschernobyl, 26.4.1986, 15.12 Uhr Ortszeit.

Eine der von Rasskasov am Unglückstag gemachten Aufnahmen zeigt den havarierten Reaktorblock in frontaler Einstellung aus der Bodenperspektive. In einer stark retuschierten Variante wurde diese Fotografie in den ersten Tagen nach der Katastrophe im sowjetischen Fernsehen gezeigt. Den Rauch des Grafitfeuers, der einen Hinweis auf einen fortwährenden Brand im Innern des Reaktors hätte liefern können, hatten die sowjetischen Zensoren ebenso wegretuschieren lassen wie Teile der Trümmer und herunterhängende Kabel. Die Zerstörungen erschienen so weniger dramatisch. Dies entsprach der offiziellen

Desinformationspolitik, wie sie vom Politbüro in Moskau unter Michail Gorbatschow beschlossen worden war. Danach sollte Eindruck vermittelt werden, man habe die Dinge im Griff. Das stark retuschierte Foto Rasskasovs bildete die Basis für die weitere Berichterstattung. Mit der Veröffentlichung im sowjetischen Fernsehen war die Aufnahme auf dem Bildermarkt präsent. Am 30. April wurde das retuschierte Foto erstmals in der *Tagesschau* gezeigt, ohne dass den Redakteuren bewusst war, dass sie eine Retusche über den Sender schickten. Magazine wie *DER SPIEGEL* und *Time* druckten das wenig aussagekräftige Foto auf ihren Titelblättern ab. Um dem Bild eine dem Ereignis angemessene Bedeutung zu verleihen, ließ man es grafisch bearbeiten und gelb einfärben; dies sollte tödliche Strahlung suggerieren. 20 Jahre lang blieben Rasskasovs Originalaufnahmen, insbesondere seine Bilder aus dem Hubschrauber in den geborstenen Reaktor hinein (Abb. 4), in den Archiven des KGB verschollen und damit unveröffentlicht.

Zum visuellen Erinnerungsort des Super-Gaus wurde indes die – u. a. von Bundesumweltminister Sigmar Gabriel in einer Broschüre an alle deutschen Haushalte – verbreitete Aufnahme des ehemaligen sowjetischen Kriegsfotografen Igor Kostin.[19]

---

[19] Igor Kostin: *Tschernobyl. Nahaufnahme*, München 2006.

Abb. 3: Titelseite des vom Bundesumweltministerium im März 2006 publizierten *Magazins zur Atompolitik* aus Anlass des 20. Jahrestages der Reaktorkatastrophe unter Verwendung einer Fotografie von Igor Kostin vom Sommer 1986.

Das ebenfalls aus einem Helikopter aufgenommene Bild zeigt die Ruine des Blocks 4, eingefasst in die Schattenrisse von zwei Personen. Während die rechte Person nahezu vollständig im Dunkeln bleibt, ist am linken Bildrand ein Dosimetrist zu erkennen, der einen Geigerzähler aus der offenen Tür des Helikopters hält. Erst durch seine Geste und seinen Zähler wird die Gefahr präsent, die von dem zerborstenen Reaktor ausgeht, gewinnt das Bild an Authentizität. Durch die beiden Personen am Rand ist die Katastrophe zugleich eingefasst. Bei genauerer Betrachtung sind mehrere Kräne zu sehen. Aus der Unglücksstelle ist bereits eine Baustelle geworden. In Kostins Bild sind somit zwei Narrative eingeschrieben, die das Foto von anderen Tschernobyl-Bildern abhebt: Die Unglücksstelle ist bereits wieder Ort menschlicher Aktivität; das Entsetzen und die anfängliche Passivität scheinen überwunden; das katastrophische Ereignis ist beherrschbar geworden.

Erst durch das Verschwinden der Originalaufnahmen des Werksfotografen konnten die Bilder von Kostin jene Aufmerksamkeit erhalten, die sie zu Symbolen der Katastrophe machten. Dabei zeigte sich einmal mehr ein Phänomen moderner Mediengesellschaften: Je stärker Bilder aus weltanschaulichen Gründen funktionalisiert werden, umso eher scheint man geneigt, nicht genauer hinzuschauen und bereit, Legenden aufzusitzen. Kostins Aufnahme wurde auf diese Weise zum „Heiligenbild". 1999 erklärte so etwa das *Greenpeace Magazin* Kostin zum „erste(n) Fotograf(en) der Katastrophe". Seine Bilder seien zu „Ikonen für die menschliche Hybris" geworden.[20] Die *Tagesschau* machte Kostin zum einzigen Fotografen, der das Ge-schehen unmittelbar nach dem Unfall festgehalten habe. Die *Frankfurter Rundschau* druckte am 27. April 2006 das aus dem Helikopter aufgenommene Foto Kostins ganzseitig ab und übernahm der Einfachheit halber gleich den Werbetext des Verlages, sekundiert von der *taz*, die verlautbaren ließ: „Es ist dieses das

---

[20] Timm Krägenow/Matthias Ziegler: *Der Augenzeuge*, in: *Greenpeace Magazin* Nr. 5/1999.

einzige existierende Foto vom Tag des Unfalls selbst."[21] Die Fernsehjournalistin Christine Daum wies dem Foto gar ikonischen Status zu: „Denn wie die Titanic oder die Rampe von Auschwitz gehört das Motiv zum Katastrophenrepertoire des zwanzigsten Jahrhunderts."[22] Dieses Bild sei für die Ewigkeit gemacht. Massenwirksam kolportiert wurde die Geschichte durch ZDF-History-Produzent Knopp. Er ordnete das Bild Kostins ungeprüft dem „26. April 1986, morgens" zu.[23] Hätte man nur einmal genau hingeschaut, hätte man entdeckt, dass das Bild Wochen später entstanden war, sich bereits Kräne auf dem Gelände befinden und die Arbeiten der Liquidatoren an dem Beton-Sarkophag bereits voll im Gange sind, dass das Bild also das Ergebnis einer Presseinszenierung war.

Unabhängig von dieser Verwechslung von Originalaufnahme und nachträglicher Presseinszenierung macht die Bildberichterstattung aus Tschernobyl nicht nur deutlich, dass – ähnlich wie 1945 in Hiroshima und Nagasaki – mit den konventionellen Bildsprachen der Fotografie Ausmaß und Schrecken atomarer Katastrophen gar nicht einzufangen sind; es zeigt sich auch, dass die sowjetischen Behörden und Fotografen ganz wie in einer Kriegssituation mit der Katastrophe umgingen. Zunächst wurde eine Informationssperre erlassen, dann wurden die Bilder retuschiert bzw. konfisziert, schließlich fokussierte der Blick der Fotografen wie in der Trümmerfotografie nach dem Zweiten Weltkrieg auf die unmittelbaren Zerstörungen bzw. auf das Heer der Liquidatoren, die wie Soldaten an der Front ihre Pflicht fürs Vaterland erfüllten. Nicht zufällig heißen die entsprechenden Kapitel in Kostins Buch: „Eine Armee menschlicher Reporter" oder „Der totale Krieg. Im Kampf gegen den Feind Radioaktivität".[24] So wie dem prinzipiell chaotischen Ereignis Krieg

---

[21] Gerrit Bartels: *Strahlender Feind*, in: *taz* vom 22.4.2006.

[22] Christine Daum: *Der Kriegsreporter und der Architekturfotograf. Die Tschernobyl-Fotos von Igor Kostin und Robert Polidori*, in: Osteuropa 56 (2006) 4.

[23] Knopp: *100 Jahre*, S. 362 f.

[24] Kostin: *Tschernobyl*, S. 23 ff. u. 47 ff.

in der Fotografie eine Ordnungs- und Sinnstruktur verpasst wird, erschien auch auf Kostins Aufnahme aus dem Helikopter heraus die Katastrophe räumlich und zeitlich beherrschbar. Und wie am Ende eines siegreichen Feldzuges die Hissung der Fahne auf erobertem Terrain an sichtbarem symbolischem Ort steht, wurde nach Fertigstellung des Sarkophags auch in Tschernobyl die sowjetische Flagge auf dem Unglücksreaktor gehisst.

Lassen Sie mich auch hier die Ergebnisse noch einmal zusammenfassen: Als charakteristisch für das Medienereignis Tschernobyl können angesehen werden: die Unsichtbarkeit der Katastrophe, eine verzögerte Berichterstattung, Zensur und Retusche der Bildproduktion, Bericht im Stile der Kriegsberichterstattung, die ‚Überschreibung' der Katastrophe durch Aktivitäts-Bilder, die mangelnde Verdichtung des Ereignisses in einem Bild mit ikonischem Status. Im Unterschied zum Supergau 2011 in Fukushima, bei dem die Welt live dabei war und sah, wie ein Atomkraftwerk explodierte, nahm das globale Publikum an der Katastrophe von Tschernobyl nur mittelbar und zeitversetzt an dem Ereignis teil. Ein Bild im Kopf, das fähig gewesen wäre, den Glauben an die Beherrschbarkeit der Atomkraft nachhaltig zu erschüttern, gab es nicht. Die Wende in der Atompolitik brachte erst der ‚iconic turn' von Fukushima.[25]

Damit sind wir bei der vierten Katastrophe angekommen, der ersten großen Naturkatastrophe des digitalen Zeitalters: dem Tsunami vom Dezember 2004. Dieser fiel in eine Situation, in der bedingt durch die vorangeschrittene technische Aufrüstung der fotografischen Laien Amateure zunehmend an die Stelle professioneller Berichterstatter traten und das Publikum erstmals in Echtzeit an einer Naturkatastrophe teilhaben konnte. Im Unterschied zu den vorangegangenen Technikkatastrophen standen hier die menschlichen Opfer im Vordergrund der Berichterstattung.

Wie schon beim 11. September 2001 waren es auch bei der Tsunami-Katastrophe eher zufällig entstandene Amateurauf-

[25] Florian Illies: *Atomunglück Fukushima. Die Macht der Bilder*, in: *Die Zeit*, Nr.12, 17.3.2011.

nahmen, die eine besondere Faszination auslösten. Die un-
professionellen Bilder der unmittelbaren Augenzeugen zeichne-
te eine besondere Anmutung von Authentizität aus. Unscharf,
verwackelt, mitunter in grober Bildauflösung vermittelten sie
etwas von der Überraschung und der Bedrohung, die rou-
tinierten Profibildern meist fehlt. Während die professionellen
Bildreporter, wie wir am Beispiel von Lakehurst sahen, vielfach
eine gesicherte Betrachterposition einnahmen und durch die
Verwendung gewohnter Bildparameter suggerierten, letztlich
alles unter Kontrolle zu haben, lieferte das Amateurbild den
Schrecken aus erster Hand.

Mit Blick auf die besondere Bedeutung der Amateuraufnahmen tritt eine weitere Eigenart dieser Katastrophe zu Tage.[26]
Kaum jemals zuvor lagen der todbringende Schrecken und
dessen faszinierte Betrachtung so nah zusammen. Nur wenige
Meter trennten die Todgeweihten von den Beobachtern. Während die einen um ihr Leben schwammen, saßen die anderen auf
ihren Balkonen und ließen die Kameras laufen.

Trotz der unüberschaubaren Zahl von Amateuraufnahmen
der ersten Stunden war es dennoch ein professionelles Medien-
bild, das zum historischen Referenzbild des Ereignisses avancierte: das Bild des indischen Fotografen Arko Datta von einer
trauernden Frau im indischen Cuddalore. Datta hatte mehrere
Fotos von derselben Situation gemacht, die aber weniger durch-
komponiert waren, zu geringen symbolischen Mehrwert besaßen
bzw. in denen der Schrecken zu unmittelbar zum Ausdruck kam
und die daher auf den internationalen Bildermärkten kaum eine
Chance zum Absatz hatten.

---

[26] Hier und in der nachfolgenden Analyse des World Press Photo Award-
Bildes von 2005 folge ich im Wesentlichen der Analyse von Martin Hell-
mold: *Tsunami. Bilder einer Katastrophe*, in: Paul (Hrsg.): *Das Jahrhun-
dert der Bilder*, Bd. II, S. 710–717. Zur Berichterstattung über Naturkata-
strophen insgesamt siehe Dieter Groh/Michael Kempe/Franz Mauelshagen
(Hrsg.): *Naturkatastrophen. Beiträge zu ihrer Deutung, Wahrnehmung und
Darstellung in Text und Bild von der Antike bis ins 20. Jahrhundert*,
Tübingen 2003.

Abb. 5: Arko Datta / Reuters, Eine Frau im indischen Cuddalore trauert um ihren toten Angehörigen, World Press Photo 2004.

Auch hier ist es die Komposition, die Dattas Bild aus der Fülle der gleichzeitig gemachten Aufnahmen hervorhebt und sie zugleich an Konventionen der Kunstgeschichte anschlussfähig macht. Dies kommt zunächst in der Körperhaltung der Frau zum Ausdruck. Sie hat sich zu Boden geworfen, das vom Leiden gezeichnete Gesicht mit dem geöffneten Mund dem Betrachter zugewandt und die Arme so abgewinkelt, dass sich die Hände mit den abgespreizten Fingern ober- und unterhalb ihres Kopfes befinden. Ihr Kopf liegt fast exakt im Zentrum des Bildes. Vom linken Bildrand angeschnitten ragen der Unterarm und die Hand eines toten Körpers ins Bild. Die einsame Hand des Leichnams am linken Bildrand weist auf den Körper der Frau. Während der Körper der Frau die rechte Bildhälfte ausfüllt, ist der linke Teil durch Leere gekennzeichnet. Es ist eine Leere, die für viele Sinnbilder des Todes, der Verzweiflung und des Schreckens charakteristisch ist. Auch in der Fotografie von Datta tritt der Schrecken der Leere an die Stelle dessen, was am Bildrand nur angedeutet erscheint. Der menschliche Leichnam ist nicht ganz zu sehen. Er darf auch nicht zu sehen sein, sonst würde das Bild zu konkret, zu realistisch und banal. Es würde zu dem Bild einer persönlichen, auf ein Einzelschicksal ausgerichteten Trauer und könnte nicht länger das ungeheuerliche Abstraktum des massenhaften Sterbens und Leidens versinnbildlichen. Der konkrete Tod des Menschen, dessen Körper jenseits der linken Bildkante liegt, bleibt ausgeblendet und macht Platz für den hunderttausendfachen Tod, den eine unfassbare Katastrophe mit sich brachte.

Nahezu alle Elemente dieses Bildes haben eine lange Tradition in der europäischen und außereuropäischen Kunst- und Mediengeschichte, wodurch dem Bild seine besondere Ausdruckskraft zuwächst. Als Hauptmotiv ist zunächst die trauernde Frau zu nennen, die in ihrer ganzen Haltung den Schmerz und die Verzweiflung ›verkörpert‹: eine typische Gebärdefigur. Ihre zur Kreuzesform erhobenen Hände sind bildgeschichtlich als Zeichen der Ergebung und der Unterordnung unter eine schicksalshafte Macht zu verstehen und dabei zugleich als eine Bitte um Gnade. Neben diesen Aspekten einer europäischen Bildtradition kommt in der Haltung der Frau zudem eine Klagegestik zum Tragen, die über kulturelle Grenzen hinweg verstanden werden dürfte. Auf drei weitere Details und deren eine symbolische Wirkung sei nur kurz verwiesen: die leblose Hand als Ausdruck des Verlustes der Handlungsfähigkeit und des Miteinanders, der Schuh, dem sein Gegenstück fehlt, als Symbol des Verlustes der Kontrolle und der Aufhebung gewohnter Handlungsabläufe, der Sand als Symbol der Erde, aus der der Mensch nach mythischem Weltverständnis geformt ist und zu der er wieder zurückkehren muss.

Ob diese Fotografie ein Schnappschuss war oder eine bewusste Inszenierung für die Kamera, wie vermutet werden darf, bleibt sekundär. Als symbolgeladenes und in den Traditionen der Kunstgeschichte wurzelndes Bild ragte sie aus den Tausenden gleichzeitig gemachter Aufnahmen heraus, suggerierte sie doch Nähe und Trauer und eine gottgewollte Ordnung, aus der der Mensch nicht ausbrechen kann: ein Bild, das in der schnellen Medienwelt zum Betrachten und zur Kontemplation geradezu einlädt.

Die publizierten Bilder des Tsunami von 2004 machen noch auf einen anderen Aspekt aufmerksam, der als CNN-Effekt beschrieben worden ist, dass wir nämlich nur jene Katastrophen wahrnehmen, von denen es auch Bilder gibt.[27] Katastrophen demgegenüber, von denen es keine Bilder gibt, die also nicht sichtbar werden, werden nicht als solche wahrgenommen und wandern daher auch nicht als Bild abgespeichert ins kollektive Gedächtnis. Wer erinnert sich so etwa an die mehr als 600.000 Toten, die ein Erdbeben 1976 150 Kilometer südlich von Peking forderte, oder an die etwa 400.000 Opfer der Überschwemmungskatastrophe des Jangtsekiangs 1935. Auch der atomare Supergau von Majak in der Sowjetunion 1957 ist so unbekannt geblieben, obwohl die kontaminierte Wolke nahezu der doppelten Menge der Katastrophe von Tschernobyl entsprach und auf der Internationalen Bewertungsskala für nukleare Ereignisse (INES) ähnlich hoch wie Tschernobyl eingestuft wurde. Und wer erinnert sich noch an das vermutlich schwerste Schiffsunglück in Friedenszeiten, an den Brand auf der philippinischen Fähre *Dona Paz* vom 20. Dezember 1987, bei dem mehr als 4.000 Menschen den Tod fanden?

Zurück zu den Bildern des Tsunami von 2004. In gewisser Weise greift der CNN-Effekt auch hier, denn auch hier kamen die Bilder der Flutkatastrophe von 2004 nur aus solchen Regionen, die für Kamerateams überhaupt zugänglich waren, wo vor allem viele westliche Touristen ums Leben kamen, mediale Aufmerksamkeit somit per se gesichert war. Erst langsam dringt es ins Bewusstsein, dass es etwa auch in Somalia Tsunami-Opfer gab. Die Menschen dort hatten nur das Pech, so weit vom Zentrum des Medieninteresses entfernt zu sein, dass sie kaum beachtet wurden und sie daher auch kaum Hilfsmaßnahmen erreichten.

---

[27] Zum CNN-Effekt siehe Piers Robinson: *The CNN Effect. The Myth of News, Foreign Policy and Intervention*, London u.a. 2002.

Medialisierte Katastrophen

Katastrophen, das wollte ich mit meinem Vortrag deutlich machen, sind medialisierte Ereignisse. Wie im Einzelfall über dies berichtet wird, hängt von den verfügbaren medialen Techniken, Blick- und Darstellungsroutinen, mitunter auch den politischen Rahmenbedingungen der Berichterstattung und immer auch von Interessen ab.

Wenn es etwas Verbindendes in der visuellen Katastrophenberichterstattung gibt, dann dies: Vor allem Fotografie und das Fernsehen lieferten im 20. Jahrhundert den Rahmen, in dem Katastrophen wahrgenommen und gedeutet wurden. Erst die Überführung des Nicht-Fassbaren in bekannte narrative Muster und Präsentationsformen der berichtenden Medien machte Katastrophen zum Gegenstand von Kommunikation. Die wesentliche Leistung der Bildmedien bestand und besteht dabei darin, durch ihre Formensprache und audiovisuellen Sicherheitssignale das Erschreckende zu bannen und in vertraute Formen zu überführen, die dann suggerierten: „Wir haben alles im Griff, alles ist in bewährter Weise darstellbar."

Mit dieser Medialisierung von Ereignissen findet immer auch eine Transformation in eine andere Realitätsebene statt, die den Gesetzen der medialen Realität und nicht denen der physischen Katastrophenrealität folgt. Danach unterliegen Themen, die in den öffentlichen Raum gelangen, dem strukturellen Zwang der medialisierten Öffentlichkeit, sich entsprechend der Mechanismen der Mediengesellschaft darzustellen. In einer von Kapital und Markt organisierten Gesellschaft entscheiden damit Marktmechanismen und Gesetze der „Aufmerksamkeitsökonomie" über das, was und wie öffentlich wahrgenommen, massenmedial kommuniziert und erinnert wird. Nur derjenige Kommunikator, der es versteht, die chronisch knappe Ressource Aufmerksamkeit für sich zu mobilisieren, hat überhaupt die Chance, beachtet und rezipiert zu werden.

Das wichtigste Medium der Aufmerksamkeitsmobilisierung ist seit knapp einem Jahrhundert das Bild in Gestalt von

Fotografie, Film- oder Fernsehbild. Um auf der zweidimensionalen Fläche der Fotografie, der Leinwand und des Bildschirms den knappen Raum optimal zu nutzen und auf ihm zugleich das Publikum optimal anzusprechen, kommen ästhetische Gesetze der bildenden wie der darstellenden Kunst zur Anwendung. Ästhetik als Gestaltungsprinzip von Information gilt daher längst auch bei der Präsentation von Katastrophen als zentrales Kriterium von Wirkung; denn je ansprechender eine Katastrophenpräsentation ist, desto wahrscheinlicher ist die Aufmerksamkeitsbindung. Lange Zeit zählte daher auch die Eliminierung der menschlichen Opfer zu den Zeigbarkeitsregeln der Katastrophenberichterstattung. Um aus der Flut der Informationen und Bilder herauszuragen, bedarf es heute indes immer auch dramatischer und spektakulärer Bilder und Narrative. Um Aufmerksamkeit zu mobilisieren, wurden und werden Ereignisse in der medialisierten Öffentlichkeit zudem immer auf wenige Aspekte zulasten anderer Aspekte und des Gesamtkontextes reduziert und in wenigen ikonischen Bildern und Bildclustern verdichtet. Hier wie in anderen Fällen entscheiden also nicht in erster Linie die realen Verhältnisse selbst über die Form der Darstellung, sondern Gesetzmäßigkeiten und Techniken der Aufmerksamkeitsökonomie und damit jene des medialen Marktes.

In dieser Transformation des historischen Ereignisses in ein Medienereignis verändert sich gleichermaßen das Ereignis wie die Wahrnehmung der Mediennutzer. Es entstehen mediale Realitätskonstruktionen, die sich nicht aus dem Gegenstand, über den berichtet wird, sondern aus der Art des Mediums und der Art der Darstellung ergeben, sich im Einzelfall als mediale Legenden verselbständigen und sich über die Realität legen, diese wie auf einem Palimpsest überschreiben. All dies, so Anton Kaes, Film- und Medienwissenschaftler in Berkeley, habe „eine zweite künstliche Welt" entstehen lassen, die im Begriffe sei, sich allmählich vor die erste, mit den Sinnen erfahrbare Welt zu schieben.[28] Katastrophenberichterstattung erzählt uns damit oft

---

[28] Anton Kaes: *Deutschlandbilder. Die Wiederkehr der Geschichte als Film*, München 1987, S. 208.

mehr über die medialen Konstruktionsmuster und -regeln als über eine tatsächlich stattgefundene Katastrophe. Wie die großen Kriege, die *politischen* Katastrophen,[29] erscheinen mir auch die großen Technik- und Naturkatastrophen und die durch sie ausgelösten menschlichen Tragödien als das medial nicht Darstellbare schlechthin.

---

[29] So die zentrale These meines Buches: *Bilder des Krieges/Krieg der Bilder. Die Visualisierung des modernen Krieges*, Paderborn 2004.

VOLKER STORCH

Katastrophen in der Erdgeschichte – Ausgangspunkte für Fortschritt

Die organismische Vielfalt auf unserem Planeten, von der wir ein Teil sind, hat eine kaum vorstellbar lange Geschichte. Die ältesten allgemein als Fossilien anerkannten Organismen sind etwa 3,5 Milliarden Jahre alt. Die Entstehung des Lebens auf der Erde muss also noch weiter zurückliegen.

In einer langen Evolution ist nicht nur eine Vielfalt von Organismen entstanden, sondern diese haben auch ihren Lebensraum kontinuierlich verändert, zum Beispiel die Atmo-sphäre mit Sauerstoff angereichert, die Pädosphäre geschaffen und mit ihren Überresten Kalksedimente entstehen lassen, die zum Teil zu Gebirgszügen wurden.

Man schätzt, dass im Laufe der Evolution über 90 % – vielleicht über 99 % – aller einmal entstandenen Organismen-Arten wieder verschwunden sind. Ob es sich bei diesem Aussterben um einen mehr oder weniger kontinuierlichen Prozess handelt oder ob Zeiten gleichmäßigen, langsamen Aussterbens von Katastrophen abgelöst wurden, ist nicht in allen Fällen klar erwiesen. Die Existenz einiger Episoden extremen Massenaussterbens (auch Massen-Extinktionen genannt) – in deren Verlauf jeweils über die Hälfte aller Organismen-Arten ausstarben – gilt jedoch aufgrund geologischer, paläontologischer und biologischer Befunde für das Phanerozoikum, also die letzten etwa 540 Mio. Jahre der Erdgeschichte, als gesichert (Abb. 1; detaillierte Literaturangaben in [1], [2] und [4]).

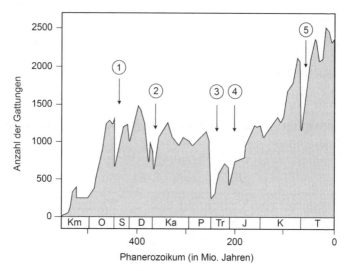

Abb. 1: Aussterberaten von Meeresorganismen im Phanerozoikum. Die Pfeile 1-5 zeigen die größten Massenaussterben; die Buchstaben bezeichnen die Perioden in der Erdgeschichte. Nach Sepkoski, aus [4].

Abgesehen von der heutigen, in großem Maßstab erfolgenden Ausrottung von Tier- und Pflanzenarten durch den modernen Menschen („Die sechste Auslöschung"; Leakey und Lewin, 1996) haben im Phanerozoikum mindestens fünf Massen-aussterben von globalem Umfang stattgefunden: Im späten Ordovizium (vor rund 440 Mio. Jahren), im Oberdevon (vor etwa 370 Mio. Jahren), am Ende des Perm (vor gut 250 Mio. Jahren), am Ende der Trias (vor etwa 200 Mio. Jahren) und an der Kreide-Tertiär-Grenze (vor 65 Mio. Jahren). Im Zuge dieser Massenaussterben sind ganze Ökosysteme auf der Strecke geblieben und später durch andere ersetzt worden. Der Steinkohlewald (Abb. 2) ist ausgestorben; seine als „Bäume" dominierenden Elemente (Farne, Bärlappe [damals als Schuppen- und Siegelbäume] und Schachtelhalme) gibt es jedoch noch in der heutigen Flora, wenngleich meist nur noch als Kräuter.

Abb. 2: Karbonwald mit Baumfarnen, Schuppen- und Siegelbäumen, Schachtelhalmen und einigen Amphibien sowie Insekten im Vordergrund. Nach Schäfer, aus [4; 1. Auflage].

Massenaussterben erfolgten im Allgemeinen nicht „auf einen Schlag", sondern haben sich über eine gewisse Zeit erstreckt. Sie haben gemeinsam, dass nach diesen Ereignissen freier Lebensraum entstanden war, der von Organismen genutzt wurde, die jetzt zu einer besonderen Entfaltung kamen. Besonders deutlich tritt uns das nach der Katastrophe an der Kreide-Tertiär-Grenze (K/T-Ereignis) vor Augen: die Säuger übernahmen in terrestrischen und marinen Lebensräumen die Rolle (= ökologische Nische) der großen Reptilien und beherrschen heute in Gestalt von *Homo sapiens* die Biosphäre. Die fünf Massenaussterben bedeuteten also nur besonders große Einschnitte im Lebensstrom; auf die Dezimierung alter Gruppen erfolgte jeweils eine starke Diversifizierung der Krisengewinnler. Massen-Extinktionen haben damit einen erheblichen Einfluss auf die Evolution der Organismen und fungieren auch als Beschleuniger der weiteren Entwicklung.

Alle fünf Massenaussterben sind durch große Verluste der im freien Wasser und am Boden lebenden Meerestiere gekennzeichnet. Der größte Einschnitt erfolgte Ende des Perm, als etwa 50 % der im Meer lebenden (marinen) Wirbellosen-Familien verschwanden und wohl über 80 % (nach manchen Autoren über 90 %) aller Arten. Neuere Untersuchungen zeigten, dass es im Paläozoikum und im Mesozoikum außer den fünf Massenaussterben weitere Phasen des Aussterbens in großem Ausmaße gegeben hat, die den hier genannten nicht viel nachstanden.

Über die vermuteten Ursachen wurde viel nachgedacht, modelliert und publiziert; in neuerer Zeit wurden zudem viele neue Befunde erhoben, die ein zunehmend komplexes, aber auch immer wahrscheinlicheres Szenario ergeben. Die Beweislage für die fünf Massenaussterben ist allerdings noch keineswegs eindeutig, und allem Anschein nach gibt es nicht nur eine Ursache für alle Massenaussterben. Grundsätzlich kommen viele verschiedene Faktoren in Frage, in erster Linie wohl Vulkanismus, Meeresspiegel-Schwankungen und Meteoriteneinschläge. Große Bedeutung können auch Klimaschwankungen haben, die wiederum auf vulkanische Aktivitäten und Meteoriteneinschläge zurückgehen können. Vergletscherung und Bildung von Inlandeis in den Polarregionen haben zur Folge, dass der Meeresspiegel sinkt und dass Schelfgebiete trockenfallen (Regression des Meeres). Das bedeutet Zurückziehen oder Aussterben von marinen Flachwasserorganismen und Vorrücken von Landflora und -fauna in den Schelfbereich. Auf dem Höhepunkt der letzten Eiszeit, vor ca. 20 000 Jahren, lag der Meeresspiegel über 100 m unter dem heutigen. Wo heute vor Nordost-Australien das Große Barriereriff als das größte Bauwerk des Känozoikums einer besonders reichhaltigen Organismenwelt Lebensraum bietet, konnten sich damals australische Ureinwohner trockenen Fußes fortbewegen und Beuteltiere jagen. Auch in der Mitte des Oligozän (vor etwa 30 Mio. Jahren) hat es einen Meeresspiegel-Tiefstand gegeben, jedoch kein Massenaussterben. Gleiches gilt im Prinzip für die längste und vermutlich auch kälteste Eiszeit des Phanerozoikums, die Gondwana-Vergletscherung (Karbon-Perm), die kaum von Aussterbe-Ereignissen begleitet war. Kommt es zum Abschmelzen des Eises, steigt der Meeresspiegel und weite Landgebiete werden überflutet (Transgression des Meeres). Das war im extremen Maße der Fall Ende des Erdaltertums und zeitweise im Erdmittelalter, als Rudisten-

Riffe (Riffe kreidezeitlicher, sehr großer sessiler Muscheln) das Tethys-Meer säumten. Beide Ären schlossen mit Massenaussterben ab.

Das Massenaussterben Ende des Ordoviziums, welches bis zu drei Viertel – nach manchen Schätzungen über 80 % – aller Meeresorganismen erfasste, wird mit einer dramatischen Abkühlung in Verbindung gebracht, die sehr rasch eingesetzt hatte, die Erde zur Zeit eines Treibhausklimas traf und etwa eine halbe bis eine Million Jahre andauerte. Danach gab es eine erhebliche Klimaerwärmung. Man spricht auch von einem klimatischen Paradoxon: Vereisung im Treibhausklima. Die große Landmasse Gondwana, zu der auch Afrika gehörte, lag zu dieser Zeit auf der Südhemisphäre, weswegen dieses Eiszeitalter auch Sahara-Vereisung genannt wird. Sie ist in weiten Teilen des nördlichen und westlichen Afrika nachzuweisen und erstreckt sich bis zur Arabischen Halbinsel. Spuren der Vereisung reichen bis nach Südamerika. Man schätzt, dass 30 Millionen km^2 von dieser kontinentalen Eiskappe südlich des 60. Breitengrades bedeckt waren. Im Zuge der Vereisung kam es äquatorwärts zu einer Konzentration vieler Organismen und schließlich zum umfangreichen Aussterben. Einige Jahrhunderttausende später folgte eine rasche Erwärmung, die eine zweite Episode des Aussterbens bedingte.

Mit Vereisung und Abschmelzen des Eises war u. a. ein erheblicher Wechsel des Meeresspiegelniveaus verbunden, außerdem Veränderungen der Zirkulation der Ozeanströme sowie Änderungen in der Produktivität der Meere. Dementsprechend wurden alle marinen Tiergruppen beeinträchtigt. Unter den Mollusken (Weichtieren) sind die Nautiliden (ursprüngliche Kopffüßer) besonders stark betroffen, Muscheln starben zu über 50 %, Schnecken starben etwa zu einem Drittel aus. Ähnliches gilt z. B. auch für Brachiopoden (Armfüßer), Bryozoen (Moostierchen), Trilobiten (Dreilapper), Ostracoden (Muschelkrebse) und Crinoiden (Seelilien). Tabulate Korallen sind stärker betroffen als rugose. Besonders heftig wurden die Conodonten reduziert: 80 % wurden ausgelöscht. Bei den nur fossil bekannten Conodonten handelt es sich um Überreste einer ausgestorbenen Tiergruppe, die in das „Vorfeld" der Wirbeltiere gehören. Von manchen Autoren werden sie sogar in diese eingeordnet.

Im späten Devon gab es mehrphasige Klimaschwankungen, verbunden mit Schwankungen des Meeresspiegels und auch Meteoriteneinschlägen. In der Fachliteratur wird die spätdevonische Massen-Extinktion auch mit anderen Begriffen belegt: Frasne-Famenne-Event oder -Krise bezieht sich auf die zeitliche Nähe zur Grenze zwischen oberdevonischen Stufen gleichen Namens, Kellwasser-Event oder -Krise dagegen auf das Kellwasser-Tal nahe der Odertalsperre im Harz. Die Verwendung dieser Begriffe ist in der Literatur nicht einheitlich. Später erfolgte eine weitere Vereisung in Gondwana, dieses Mal mit dem Schwerpunkt im heutigen Südamerika, welches nahe dem Südpol lag. Wiederum waren es die Meeresorganismen, vor allem die tropischen, die beeinträchtigt wurden. 70 % starben aus. Riffgemeinschaften wurden dezimiert, und bis Ende des Paläozoikums erreichten sie nicht wieder die Bedeutung, die sie im Devon gehabt hatten. Besonders eindrucksvolle devonische Riffe finden wir im Nordwesten von Westaustralien, wo sich ein Barriereriff entlang dem Canning Basin über eine Länge von mehr als 300 km erstreckt. Auch das Rheinisch-Ardennische Gebiet beherbergt Reste devonischer Riffe und demonstriert den Umfang der Korallen-Stromatoporen-Riffe dieser Zeit sowie den Umfang des Massenaussterbens.

Ende des Perm, vor etwa 250 Mio. Jahren, folgte das verheerendste Massenaussterben im gesamten Phanerozoikum. Wenigstens 80–90 %, nach manchen Schätzungen bis 96 % aller marinen Tierarten starben im Laufe von etwa 1 Mio. Jahren aus. Das bekannteste Beispiel sind wohl die Trilobiten, die in paläozoischen Meeren verbreitete Faunenelemente waren (Abb. 3).

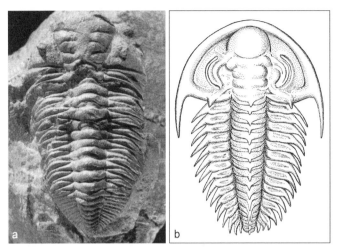

Abb. 3: Ende des Paläozoikums ausgestorben – die Trilobiten. a. Fossilfund. b. zeichnerische Rekonstruktion einer anderen Gattung. Aus [4].

Extreme Verluste erlitten auch Brachiopoden und Bryozoen. Von Seeigeln überlebte wohl nur die Gattung *Miocidaris*. Ammonoideen waren ebenfalls stark betroffen, kaum dagegen Fische. Erhaltungsfähige Phytoplankter waren bereits vor dem Ende des Perms selten geworden, weswegen man auch vom „Phytoplankton-Blackout" spricht. Diese große Krise erfasste z. B. auch Radiolarien sowie Foraminiferen, zwei bis heute in den Meeren verbreitete Gruppen einzelliger Tiere, deren Skelette (bei Radiolarien vorwiegend aus Siliciumoxid, bei Foraminiferen meist aus Calciumcarbonat bestehend) umfangreiche marine Sedimente geschaffen haben. Die zu letzteren zählenden, großwüchsigen Fusulinen mit ihren Kalkgehäusen starben aus. Insgesamt waren tropische Formen besonders betroffen. Crinoiden und Korallen entgingen dem Aussterben nur ganz knapp, am Land verschwanden etwa zwei Drittel der Amphibien und Reptilien. Die Artenzahl war nach dem Ende das Perm so niedrig wie im Kambrium, also 250 Mio. vorher.

Fast die gesamte kontinentale Erdkruste war zu dieser Zeit zu einem Kontinent vereinigt, der sich von Pol zu Pol erstreckte. Die Landmassen Laurasia und Gondwana waren im späten

Karbon zu dem Großkontinent Pangaea zusammengewachsen. Schelfgebiete waren großflächig zerstört, diverse Küsten-Lebensräume vernichtet worden; um die verbliebenen muss es eine besonders starke Konkurrenz gegeben haben. Am Land waren alte Grenzen biogeographischer Provinzen aufgehoben worden. Beide Polarregionen waren vereist. Der Meeresspiegel war besonders niedrig, Flachmeergebiete wenig umfangreich. Ein erheblicher Teil der Kontinentalschelfe war sogar trockengefallen, und möglicherweise ist es durch umfangreiche Oxidationen in diesen Gebieten zum Abfall der Sauerstoff-Konzentration in der Atmosphäre gekommen. Bald jedoch schmolz das Eis ab und es entstanden im Treibhausklima Wüsten und umfangreiche Salzlager. Als weitere wesentliche Ereignisse werden Vulkanismus sowie umfangreiche Oxidation von Methanhydrat in den Meeren diskutiert. Seit einigen Jahren ziehen manche Forscher zudem einen Meteoriten-Einschlag vor der Nordwestküste Australiens als Grund für dieses Massenaussterben in Erwägung gezogen.

In das Perm fällt eine Epoche der gewaltigsten vulkanischen Aktivitäten des Phanerozoikums. Allein im heutigen Sibirien ergossen sich über mehr als zwei Millionen km^2 Flutbasalte. Wegen ihrer treppenförmigen Absätze werden diese kontinentalen Basaltdecken Trapps (= Treppen, engl. traps) genannt.

An der Perm-Trias-Grenze gibt es schließlich einen deutlichen Anstieg im Verhältnis der Kohlenstoff-Isotope C^{12} zu C^{13}. Da das leichtere Kohlstoff-Isotop bevorzugt von Organismen aufgenommen wird, geht man davon aus, dass Fossillagerstätten (z. B. Kohle) durch Brände freigesetzt worden sein können, oder aber dass lebende Phytomasse (= Pflanzensubstanz) in großem Umfang zerstört wurde. Manches spricht dafür, dass mit dem Magma Kohlenwasserstoffe aus Erdöllagern an die Erdoberfläche gerieten. Angesichts der hohen Temperaturen sind vermutlich organische Chlor- und Bromverbindungen entstanden, die in die Atmosphäre gerieten.

Insgesamt erhöhte Temperaturen und vermehrter Kohlendioxid-Eintrag in das Meer mögen zudem zu einer verminderten

Zirkulation und zur Versauerung des Ozeans geführt haben, in dem sauerstofffreie Areale entstanden. In diesen kann es zu Massenvermehrung von anaerob lebenden Prokaryoten gekommen sein, die z. B. Schwefelwasserstoff produzieren, der zu einem Massenaussterben von Organismen geführt haben kann. In der Tat wird Schwefel in Fundstätten Ende des Paläozoikums an vielen Stellen nachgewiesen. Dieses Szenario würde erklären, dass marine Organismen stärker betroffen waren als terrestrische, und dass calciumcarbonathaltige Formen (Korallen, Brachiopoden, Crinoiden) besonders in Mitleidenschaft gezogen wurden.

Es kommt bei diesem Aussterben Ende des Erdaltertums also eine Reihe von Faktoren zusammen, die sich zum Teil gegenseitig beeinflusst haben. Jedenfalls war die Organismenwelt in ihrer Gesamtheit nie so nahe am Abgrund wie zu dieser Zeit.

Nach dem besonders tiefen Einschnitt in die Organismenwelt Ende des Paläozoikums erfolgte in der Trias ein Aufblühen zu neuer Vielfalt. Ammonoideen erreichten ihren Höhepunkt, Amphibien brachten die größten Formen aller Zeiten hervor. Reptilien kamen zur Blüte; das frühe Mesozoikum ist der Ausgangspunkt für die marinen Ichthyo- und Plesiosaurier, die Pterosaurier, die den Luftraum eroberten, und die terrestrischen Dinosaurier. Auch die ersten Säugetiere besiedelten Landlebensräume. Diese Entwicklung wurde nach etwa 50 Millionen Jahren durch ein Massenausterben unterbrochen. Im Meer verschwanden die Conodonten und mehrere Gruppen von Meeresreptilien, z. B. Placodontia und Nothosauria, die gerade in unserem Raum, in der Trias (speziell im Muschelkalk) Südwestdeutschlands, reich überliefert sind. Erhebliche Einbußen betrafen Ammonoideen, Muscheln und Brachiopoden, Steinkorallen (Scleractinia) und Radiolarien. Die Ursachen für das Aussterben Ende der Trias sind unklar. Erst wurde das Festland, dann das Meer heimgesucht.

Die Kreide-Tertiär-Grenze markiert Aussterbe-Ereignisse, die einen besonderen Bekanntheitsgrad erreicht haben. Fast die Hälfte aller marinen Wirbellosen-Arten aus etwa 1300 Gattungen verschwand, unter den Muscheln die großen Inoceramen und die Rudisten mit ihrer korallenähnlichen Wuchsformen und unter den Kopffüßern jene Gruppen, die heute mit die bekanntesten Fossilien stellen: Ammoniten und Belemniten. Auch das Plankton war betroffen: Die einzelligen Coccolithophoriden, die in der Kreide so stark vertreten waren, dass sie heute noch regionenweise landschaftsbildend sind (Kreideküsten von Rügen, Mön u. a.), erlitten starke Einbußen. Ähnlich erging es den ebenfalls einzelligen Dinoflagellaten und Kieselalgen sowie den Nanoplanktern (besonders kleinen Plankton-Organismen). Ihre Überreste stellen einen erheblichen Anteil des Erdöls, das heute aus dem Erdöl-Speichergestein Rudisten-Kalk gewonnen wird. Als spektakulär wird das Aussterben diverser Reptilien-Gruppen angesehen (Abb. 4), der landlebenden Dinosaurier, der Flugsaurier sowie der marinen Plesiosaurier und Mosasaurier. Letztere haben in der späten Kreide noch eine besondere Entfaltung erlebt, nachdem sie aus den Flüssen in die Meere eingedrungen waren. Die Ichthyosaurier waren schon kurz vor Ende der Kreidezeit ausgestorben. Einen Rückgang der Biodiversität in der späten Kreide kennen wir von zahlreichen Organismengruppen.

Besonderes Aufsehen haben Veröffentlichungen erregt, die für die hohe Aussterberate an der Kreide-Tertiär-Grenze einen Meteoriten-Einschlag (oder mehrere) verantwortlich machen (Impakt-Hypothese nach „impact" = Aufprall). Als Beleg werden hohe Iridiumwerte in einem begrenzten Sedimentabschnitt dieser Zeit angegeben (Iridium-Anomalie; Iridium ist in gewisser außerirdischer Materie in höherer Konzentration vorhanden als in irdischen Gesteinen) und Veränderungen von Quarzen an verschiedenen Orten der Erdoberfläche, die auf hohe Drucke zurückgeführt werden. Diese Vorstellung wurde zum ersten Mal 1980 publiziert und in der Folgezeit in vielen Veröffentlichungen diskutiert.

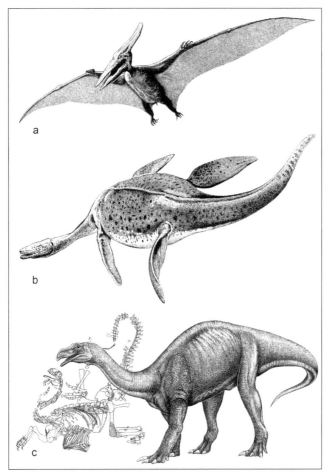

Abb. 4: Ende des Mesozoikums ausgestorben – über lange Zeit dominierende, große Reptilien. a. Pterosaurier (*Pteranodon*, Flügelspannweite 7 m), b. Plesiosaurier (*Macroplata*, Körperlänge 7 m), c. Dinosaurier (*Plateosaurus*), maximale Länge 10 m), Rekonstruktion; bei c. Skelett an der Fundstelle. Aus [4].

Ein Jahrzehnt später entdeckte man nahe der Nordwestspitze der Halbinsel Yucatan (Mexiko) den Riesenkrater Chicxulub (Durchmesser 180 km) unter einer 400 m dicken Kalkschicht. Er wurde zunächst auf ein Alter von 65 Mio. Jahren datiert, später jedoch auf einen etwas früheren Zeitpunkt, etwa eine halbe Million Jahre vor der Kreide-Tertiär-Grenze. Das vielfach beschriebene und in dramatischen Bildern dargestellte Szenario eines Meteoriten-Einschlags mit nachfolgendem Massentod kann also nicht ganz stimmen. Inzwischen kennt man die Iridium-Anomalie, die in einer dünnen Tonschicht bei Gubbio (Italien, etwa 70 km südlich von San Marino) entdeckt worden war, von zahlreichen Grenzprofilen auf der Nord- und der Südhemisphäre der Erde.

Über einen längeren Zeitraum spielte in der Kreide auch Vulkanismus eine wichtige Rolle, z. B. in Indien, das Asien noch nicht erreicht hatte. In Indien entstanden die „Deccan traps", bis über 3000 m dicke Lagen vulkanischer Gesteine, die sich als Flutbasalte über weite Flächen des späteren Subkontinents ergossen. Man geht derzeit davon aus, dass Impakt(e) und Vulkanismus zu einer Verdunkelung der Erde und einer Abkühlung der Atmosphäre führten. Zudem wurden große Mengen von Schwefeldioxid und Kohlendioxid in die Atmosphäre entlassen, was u. a. zu stark sauren Niederschlägen und zu einer Versauerung der Meere geführt haben muss. Einschränkend muss allerdings gesagt werden, dass an der Kreide-Tertiär-Grenze nach heutigen Kenntnissen nicht alle Organismengruppen „auf einen Schlag" ausgestorben sind. In der Tat hatte ein umfangreicher Aussterbeprozess der Dinosaurier bereits mehrere Mio. Jahre vor Ende der Kreidezeit eingesetzt. Er beschleunigte sich in Nordamerika, als sich Säugetiere rasch entwickelten und von Asien nach Nordamerika einwanderten. Unklar bleibt, warum verschiedene Tiergruppen, z. B. Krokodile, Schildkröten, Eidechsen und Schlangen, kaum beeinträchtigt wurden. Gleiches gilt zum Beispiel auch für die auf Süßwasser als Lebensraum angewiesenen Amphibien.

Es sind offenbar an der Kreide-Tertiär-Grenze diverse Faktoren in einer Weise zusammengekommen, die die bis dahin existierende Organismenwelt dezimierten: intensiver Vulkanismus in der späten Kreide, der zu Klimaveränderungen und letztlich zur Abkühlung bis zur Eisbildung an den Polen führte, dadurch bedingt ein Abfall des Meeresspiegels und schließlich der schon erwähnte Meteoriten-Einschlag. All das zusammen beendete einen langen, überdurchschnittlich warmen Abschnitt des Phanerozoikums – die Kreidezeit nimmt mit etwa 100 Mio. Jahren mehr als die Hälfte des Erdmittelalters ein – mit einer sehr hohen Produktion organischer Materie.

Mit dem Aussterben großer Reptilien-Gruppen wurden diverse Lebensräume bzw. ökologische Nischen frei und damit für „Nachrücker" verfügbar. Den Luftraum eroberten, in verschiedenen Zeitnischen, Vögel und Fledermäuse. Erstere sind Abkömmlinge früher Dinosaurier, letztere Säugetiere, die ihre Wurzeln im frühen Mesozoikum haben. Die Meere wurden von modernen Knochenfischen (Teleosteern) besiedelt. Sie stellen heute die wesentliche Grundlage der Meeresfischerei.

Im frühen Känozoikum erlebten die Säugetiere eine enorme Radiation, z. T. mit „skurrilen" Formen (Abb. 5), und eroberten auch die Meere (z. B. Robben und Wale, Abb. 6).

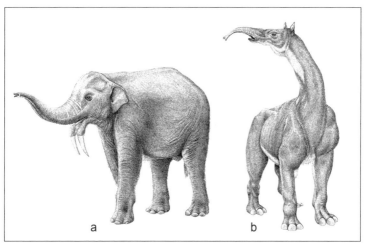

Abb. 5: Frühe Säugetiere des Känozoikums. a. *Deinotherium* (Rheinelefant), Schulterhöhe etwa 4 m; b. *Macrauchenia* (aus Argentinien), Länge etwa 3 m. Aus [4].

Wir – als moderne Menschen – profitieren von den Ereignissen dieser Zeit in zweifacher Weise: 1. Wären an der K-T-Grenze nicht so viele Reptilien ausgestorben, wäre es nicht zur Radiation der Säugetiere gekommen und dann auch nicht zu der Entfaltung der Primaten. 2. Der Energiehunger der immer noch und fortwährend wachsenden Menschheit wird zu nicht unerheblichen Teilen mit Erdöl gestillt, welches aus Muttergesteinen gewonnen wird, die aus der Kreide stammen (z. B. Rudisten-Kalke). Erdöl und Erdgas sind Hinweise auf eine hohe Produktion jener Zeit, die nur unvollständig abgebaut wurde. Eine weitere wichtige Energiequelle stellt die Kohle dar, die zum erheblichen Teil auf die Wälder im Karbon (Abb. 2) zurückgeht.

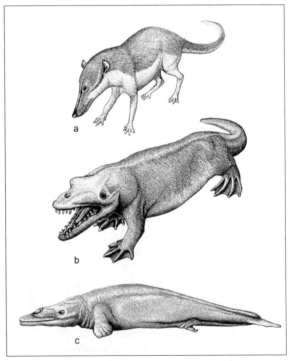

Abb. 6: Wale aus dem Eozän. a. *Pakicetus*, b. *Kutchicetus*, c. *Dorudon*. Nach Thewissen William. Aus [4].

Es bleibt zu hoffen, dass die sich so rasch vermehrende Menschheit (um 1830 lebten zum ersten Mal zeitgleich eine Milliarde, heute sind es über 7 Milliarden), die zunehmend zerstörerisch auf die Biosphäre einwirkt, nicht die Ursache für eine weitere Katastrophe wird [3]. Und wenn doch – es wird abermals Krisengewinnler geben und der Lebensstrom wird sich fortsetzen, auch ohne uns.

Literatur

[1] Furrer, H., Haffner, M. (Hrsg.) (2009): Massenaussterben und Evolution. Universität Zürich.

[2] Hansch, W. (Hrsg.) (2003): Katastrophen der Erdgeschichte. Wendezeiten des Lebens. Städt. Museum, Heilbronn.

[3] Leakey, R., Lewin, R. (1996): Die sechste Auslöschung. Lebensvielfalt und die Zukunft der Menschheit. S. Fischer, Frankfurt am Main.

[4] Storch V., Welsch, U., Wink, M. (im Druck): Evolutionsbiologie. 3. Auflage. Springer Verlag, Heidelberg.

HENNING WROGEMANN

Unterschiede in der Reaktion auf Katastrophen in den verschiedenen Religionsformationen

Menschen stellen Fragen oft ganz unvermittelt und intuitiv. Eine solche Frage lautet dann zum Beispiel: Wie werden Katastrophenerfahrungen in verschiedenen Religionen verarbeitet?[1] Bei längerem Nachdenken stellt sich allerdings heraus, dass die Antwort von der Definition dessen abhängt, was mit bestimmten Begriffen gemeint ist. So wäre zu klären, was eigentlich unter „Katastrophen" verstanden wird, was sich hinter dem Begriff „Religionen" verbirgt oder aber, was mit „aufarbeiten" gemeint ist. Beginnen wir mit dem Wort *Katastrophen*: Welche Art von Katastrophe ist gemeint? Geht es um Naturkatastrophen, etwa Dürreperioden oder Überschwemmungen, Erdbeben oder Feuersbrünste? Geht es um Epidemien wie die Pest etwa im europäischen Mittelalter, Erkältungserkrankungen wie in Lateinamerika nach der Eroberung durch die iberischen Mächte im 16. Jahrhundert oder die spanische Grippe zu Anfang des 20. Jahrhunderts? Oder geht es um Katastrophen, die durch Menschen verursacht wurden, etwa durch Kriege und Massaker, durch

---

[1] Als Literaturauswahl vgl. M. Jakubowski-Tiessen; H. Lehmann (Hg.) (2003): *Um Himmels Willen. Religion in Katastrophenzeiten*, Göttingen; M. Jäger u. a. (Hg.) (2003): *Gott und die Katastrophen. Eine Debatte über Religion, Gewalt und Säkularisierung*, Berlin; W. Kinzig (Hg.) (2011): *Katastrophen – und die Antworten der Religionen*, Würzburg. Zur Forschungsliteratur vgl. W. Kinzig; Th. Rheindorf (2011): Einleitung, in: W. Kinzig (Hg.), *Katastrophen*, o.a., 7–17, 11 f. – Zur Begriffsgeschichte: O. Briese; T. Günther (2009): *Katastrophe. Terminologische Vergangenheit, Gegenwart und Zukunft*, Archiv für Begriffsgeschichte (51), 155–195.

Eroberungen oder durch Vertreibungen? Auch inhaltlich gefasst ergeben sich Probleme, etwa in der *qualitativen Frage*, ob bereits Formen von Versklavung und Gefangenschaft einer (ethnischen und/oder religiösen) Gruppe als „Katastrophe" definiert werden können? Anders gefragt: Hängt nicht das, was als „Katastrophe" definiert wird, auch ganz wesentlich vom Blickwinkel der Betrachtenden ab?

Wenn dann weitergefragt werden soll, wie diese Katastrophenerfahrungen aufgearbeitet oder bewältigt werden, so muss geklärt werden, was unter „Religionen" verstanden werden soll. Denn die *Art und Weise des Aufarbeitens* richtet sich ja nach denjenigen Möglichkeiten, die durch die Standardisierungen einer bestimmten Religionsformation in einem bestimmten Raum zu einer bestimmten Zeit gegeben sind. Wie unterscheidet sich eine solche Verarbeitung etwa bei Religionsformationen schriftloser Völker im Gegenüber zu Religionsformationen, in denen Korpora heiliger Schriften in Gebrauch sind? Bei den einen schlägt sich die Erfahrung vielleicht in einer mythischen Erzählung nieder oder in einem Ritus, bei den anderen dagegen in einem neuen religiösen Text oder aber der Neuinterpretation eines bestehenden (kanonischen) Textes. Weiter gefragt: Wie steht es mit ethnischen Religionen einerseits und universal ausgerichteten Religionen andererseits, wie mit Religionsformationen, die einen eher egalitären Charakter haben gegenüber solchen, in denen es ausdifferenzierte religiöse Hierarchien gibt? Und nicht zuletzt: Wird bei der Aufarbeitung von Katastrophen primär gefragt, was „innerhalb" einer Religionsformation geschieht oder auch danach, was sich zwischen verschiedenen Religionsformationen ereignet? Im Folgenden soll anhand von mehreren Beispielen diesen Fragen nachgegangen werden, wobei es sich lediglich um tastende Versuche handeln kann.[2] Es

---

[2] Für den europäischen Bereich vgl. M. Jakubowski-Tiessen; H. Lehmann (Hg.) (2003): *Um Himmels Willen. Religion in Katastrophenzeiten*, Göttingen. Für Ereignisse der letzten Jahrzehnte vgl. aus christlicher Perspektive: W. Vögele (2007): *Zivilreligion, Katastrophen und Kirchen*, EZW-Texte 189, Berlin.

werden also keine Antworten gegeben, sondern mögliche Forschungsperspektiven in den Blick genommen, es werden nicht umfassende Daten erhoben, sondern exemplarische Annäherungen versucht.

1. Was eigentlich ist eine „Katastrophe"? – Terminologische Annäherungen

Beginnen wir mit der Wortbedeutung des griechischen Terminus *katastrophé*, der sich ableitet vom Verb *katastrephein*, was so viel wie *umwerfen* oder *umstürzen* bedeutet. Auf die Begriffsgeschichte kann hier nicht weiter eingegangen werden. Als Verbalform kommt das Wort im Neuen Testament interessanter Weise nur an der Stelle vor, wo berichtet wird, Jesus habe die Tische der Geldwechsler im Jerusalemer Tempel umgestürzt. Eine Katastrophe ist demnach zunächst und ganz allgemein eine Art „Umsturz".[3]

Darüber hinaus jedoch noch weit mehr, denn das griechische Wort ist als *Zerstörung* oder *Untergang* zu übersetzen. In diesem Sinne kommt es an sinnfälliger Stelle im Neuen Testament vor, wo es im 2. Petrusbrief 2, 6 heißt, Gott habe „Sodom und Gomorra zum Untergang verurteilt". Diese Geschichte nun bietet einen guten Ausgangspunkt für die weiteren Beobachtungen, denn es sind ja die Flüchtlinge, die von der Katastrophe berichten, es sind die Davongekommenen, die Beobachtenden.

Eine Katastrophe könnte dann als erste Annäherung definiert werden erstens als ein *plötzliches Ereignis*, das zweitens *unvorhergesehen* geschieht und drittens für eine Wir-Gruppe zu ebenso *einschneidenden wie schmerzhaften Veränderungen* führt. Viertens kann man von dieser Begrifflichkeit aus verschiedene Arten von Katastrophen unterscheiden, nämlich einerseits den Begriff Katastrophe als die *Vernichtung* eines beträchtlichen Teils einer „Wir-Gruppe" und andererseits Katastrophe als das *Umstürzen oder Hinfällig-werden bisheriger*

---

[3] Vgl. Art. *katastrépho, katastrophé*, in: EWBNT, Bd. II, Sp. 664. Vgl. Mk. 11, 15 par Mt. 21, 12.

Ordnungsmuster, etwa des Wohngebietes bei Vertreibung oder der Unabhängigkeit bei Unterwerfung oder Versklavung. Es handelt sich hier lediglich – das sei ausdrücklich betont – um eine vorläufige Arbeitsdefinition, um im Rahmen eines begrenzten Vortrages sich darüber zu verständigen, was im Folgenden Thema sein soll. Die Grundfrage lautet: Wie reagieren verschiedene Religionsformationen auf Katastrophen?

2. Katastrophen und Ritualisierungen – Beispiel Pestprozessionen

Eine weit verbreitete Reaktion innerhalb von Religionsformationen ist es, Katastrophenerfahrungen in Gestalt von besonderen Ritualisierungen zu begegnen. Betrachten wir das Beispiel der Pestepidemien im europäischen Mittelalter.[4] Die Ausbrüche der Pest im Jahre 1348 und den folgenden Jahren gehören zweifellos zu den größten Katastrophen der Menschheitsgeschichte. Nach Schätzungen fielen in großen Gebieten Europas mehr als 30 % der Bevölkerung dieser Epidemie zum Opfer, ganze Landstriche wurden entvölkert. Diese Gebiete nun waren weitgehend christianisiert. Welche Reaktionen also lassen sich nachweisen? Zunächst ist festzuhalten, dass sich die Reaktionen auf die Pestwellen in verschiedenen Gebieten zwar durchaus unterschiedlich gestalten. Bittprozessionen sind indes weit verbreitet. So finden sich für Norditalien viele so genannte Pestbanner – also Fahnen, die bei Pestprozessionen mitgeführt wurden – mit einer besonderen Ikonographie. Hier dominiert die Figur der Maria als Gnadenfürbitterin und Beschützerin, Gott oder Christus werden dagegen strafend dargestellt mit drei Pfeilen, die sie aus senden. Diese Pfeile stehen symbolisch erstens für Pest, zweitens für Krieg und drittens für Teuerung. Es werden zur Pestabwehr regelmäßige Bittgesänge als Prozessionen veranstaltet

---

[4] H. Dormeier (2003): *Pestepidemien und Frömmigkeitsformen in Italien und Deutschland (14.–16. Jahrhundert)*, in: M. Jakubowski-Tiessen; H. Lehmann (Hg.) (2003): *Um Himmels Willen. Religion in Katastrophenzeiten*, Göttingen, 14–50.

und Bußbruderschaften gebildet.[5] Für den Bereich nördlich der Alpen setzen solche Aktivitäten sehr viel später ein, erst nach 1500. Zudem wird später im Zuge der Reformation in den protestantischen Gebieten die Anrufung von Schutzheiligen mehr oder weniger abgeschafft. Dafür setzen sich neue Medien durch, etwa Pestblätter mit Beschwörungsformeln und Abwehrzeichen, Amulette, Medaillen und Pestmünzen.[6]

Ritualisierungen als Antwort auf Katastrophen lassen sich in der christlichen Religionsgeschichte (und auf diese beschränken wir uns hier) häufig finden, so auch bei den Katastrophen, die über die Stadt Antiochia im 6. Jahrhundert hereinbrachen. Im Oktober 525 kommt es zu einem Stadtbrand, der über sechs Monate immer wieder aufloderte, im Jahr 526 folgt ein verheerendes Erdbeben. Die Zahl der Toten wird mit 250.000 angegeben, was Historikern als übertrieben erscheinen mag. Die Verluste an Menschenleben waren jedoch – wie immer die Schätzungen lauten – in jedem Falle außerordentlich hoch. Wurden schon diese Ereignisse als Ausdruck göttlichen Zorns gedeutet, so steigerte sich dieses Empfinden nochmals durch die Tatsache, dass auf den Tag genau 18 Monate nach dem ersten Beben ein Nachbeben viele der noch verbliebenen Gebäude in Trümmern legte.[7] Es folgte zu allem Überfluss ein überaus strenger Winter. Viele Menschen reagierten mit Büßerprozessionen mit deutlich masochistischen Zügen, sich trotz Hungers und Erschöpfung mit Bußrufen in die Schneemassen zu stürzen. Hier wurden demnach rituelle Vollzüge zunächst *intensiviert*. Doch dabei blieb es nicht. Es kam, den Quellen zufolge, durch eine Traumvision eines Antiocheners zu einer *rituellen Innovation*, indem auf die Türen derjenigen Häuser, die noch standen, der

---

[5] H. Dormeier (2003): *Pestepidemien und Frömmigkeitsformen*, 23.
[6] H. Dormeier (2003): *Pestepidemien und Frömmigkeitsformen*, 43. Große Peststiftungen sowie Pestdenkmale gibt es interessanterweise erst in der Endphase der Epidemien, im 17. und 18. Jahrhundert. (ebd. 25)
[7] M. Meier (2011): *Katastrophen und ihre Bewältigung in der Antike: Zwei Fallbeispiele [...]*, in: W. Kinzig (Hg.), *Katastrophen*, o. a., 83–108, 104 ff.

Satz „Christus ist mit uns. Steht!" geschrieben wurde, religions-
wissenschaftlich gesehen ein apotropäische Formel.

Man kann fragen: Handelt es sich hier um die Bewältigung
einer Katastrophe durch eine Religionsformation? Ich halte den
Begriff „Bewältigung" in diesen Zusammenhängen für gerechtfertigt, eine Bewältigung, die über Ritualisierungen geschieht:
Es werden bestimmte rituelle Bräuche ausgebildet, die angesichts einer stetigen Bedrohung ein gewisses Maß an Hoffnung
ermöglichen. In der Antike und im Mittelalter wurden besonders
katastrophale Ereignisse in den Festkalendern von Städten festgehalten und an den jeweiligen Jahrestagen mit Bittprozessionen
„beantwortet". Ritualisierungen sind demnach eine kollektive
Weise der Reaktion. Hier jedoch ist die Struktur einer Religionsformation ebenso wie ihr Kontext zu beachten. Die
Struktur: Das Christentum in Gestalt etwa der mittelalterlichen
Kirche des Westens hat eine stark gemeinschaftliche Struktur
mit klaren Hierarchisierungen, was eine Wiederholbarkeit ritu-
eller Vollzüge (etwa symbolische Formen, Festkalender) sichert.
Das ist nicht selbstverständlich, auch innerhalb der Christenheit
nicht, da viele Kirchen sozial anders strukturiert sind. Der
Kontext: Der sozial-religiöse Kontext ist hier insofern von
Bedeutung, als in den genannten Zusammenhängen religiöse
Alternativangebote in Gestalt anderer Religionsformationen so
gut wie gar nicht vorhanden sind. Ritualisierungen sind also
eine spezifische Reaktionsform innerhalb eines religiös betrachtet relativ homogenen Kontextes. Sie können auch in heteroge-
nen religiösen Kontexten eine bedeutende Rolle spielen, wobei
sich in solchen Kontexten auch andere Reaktionsmuster
beobachten lassen.

3. Spezifisch religiöse Katastrophen –
Beispiel schiitischer Islam

Bleiben wir einen Augenblick bei diesem Thema. Die Rituali-
sierung von einschneidenden Ereignissen ist eine verbreitete
Reaktion von Religionsformationen. So auch im schiitischen
Islam.[8] Um zu verstehen, worum es hier geht, muss man sich die
schiitische Frühgeschichte vergegenwärtigen. Im Zuge von
Kämpfen um die politische Führung des islamischen Gemein-
wesens zieht im September des Jahres 680 n. Chr. der Prophe-
tenenkel *al-Husain*, Sohn der Prophetentochter Fātima und des
Vetters der Propheten, *Alī ibn Abī Tālib*, von Medina aus in
Richtung auf die Stadt Kufa (sie liegt im Gebiet des heutigen
Irak). Es geht um die Nachfolge im Kalifat, die der Statthalter
von Damaskus, *Mucāwiya* seinem Sohn *Yazīd* übertragen hatte.
Nun laden Parteigänger des *al-Husain* (er wohnt in Medina)
diesen nach Kufa ein, um gegen *Yazīd* zu ziehen, denn in den
Augen seiner Anhänger ist allein *al-Husain* der rechtmäßige
Führer der islamischen Gemeinschaft (arab. *umma*). *Al-Husain*
schickt Kundschafter voraus und zieht mit einem Trupp von
etwa 70 Personen gen *Kufa*, wird jedoch bei *Kerbelā*, einem
kleinen Ort ca. 70 km nördlich von Kufa, durch eine Streitmacht
des örtlichen Gouverneurs, der in Diensten *Yazīds* steht, aufgehalten. Ohne auf Einzelheiten eingehen zu können ist für unseren Zusammenhang erstens von Bedeutung, dass niemand von
den angekündigten Parteigängern Alis aus der Stadt Kufa
erscheint. Zweitens kommt es am 10. Oktober 680 zum Kampf,
in dem *al- Husain* getötet wird sowie neben anderen *al-Qāsim*,
Sohn des *al-Hasan*. Dies ist drittens der Untergang *al-Husains*,
des letzten Enkels des Propheten Muhammad.

Dieses Scharmützel wäre nicht weiter erwähnenswert, wenn
es nicht zur Geburtsstunde des schiitischen Islam geworden
wäre, denn wohl hatten die Anhänger des Alī diesen als den

---

[8] B. Reuter (1993): *Ašura-Feiern im Libanon. Zum politischen Potential
eines religiösen Festes*, Münster/Hamburg, bes. 28–51. Vgl. H. Müller
(1966): *Studien zum persischen Passionsspiel*, Diss. Freiburg i. Br.

nächsten männlichen Verwandten des Propheten Muhammad als den rechtmäßigen Führer der islamischen Gemeinschaft angesehen, doch *erst mit seinem Tod* (der später in vielen Einzelheiten volkstümlich ausgemalt wurde) *bekommt die Partei Alis eine religiöse Dimension.* Die Wirkungen des Ereignisses waren beträchtlich, denn in den folgenden Jahren entwickelte sich in der Stadt *Kufa* unter den Anhängern des Alī – die ja nicht zu einer Unterstützung zu ihm ins Feld gezogen waren – eine Bewegung, die „die Büßer" (arab. *at-tawwābūn*) genannt wurde. Die Selbstvorwürfe der treulosen Parteigänger wurden mit der Zeit immer größer. Die eigene Schande führte zu dem Wunsch, mit dem eigenen Tod die historische Schuld an *al-Husain* zu sühnen.[9] Da aber Selbstmord nach islamischer Lehre den Muslimen verwehrt ist, kommt eine Selbsttötung nicht in Betracht, so dass als Ausweg nur der Tod auf dem Schlachtfeld erscheint. So kommt es im November des Jahres 684 (also vier Jahre nach dem Tod *al-Husains*) zu einem Zug von etwa 4000 Personen nach *Kerbalā*. Diese schwärzen sich die Gesichter und weinen und betrauern eine Nacht lang ihre eigene Schuld am Untergang ihres Imam, des *al-Husain*. Dann ziehen sie nach Norden weiter, ihren Feinden entgegen. Im Januar 685 wird diese Büßerbewegung dann in Nordmesopotamien von Truppen des *Muʿāwiya* (bzw. seines syrischen Statthalters) zunächst aufgehalten und dann niedergemetzelt.[10]

Was besagen diese Zusammenhänge für die Frage nach der Reaktion von Religionsformationen auf Katastrophenerfahrungen? Sie besagen erstens, dass hier ein *relativ kleines Scharmützel* für die *religiöse Selbstdeutung einer Gruppe von Menschen* eine Katastrophe bedeutet. Der Tod weniger Menschen erscheint als Untergang, als Katastrophe. Aber, und das ist zweitens ganz entscheidend, es ist ein Scharmützel, das in einer Formulierung von Heinz Halm zum „*big bang* [wird], der den

---

[9] Zu den politischen Hintergründen: M. Watt; M. Marmura (1985): *Der Islam II. Politische Entwicklungen und theologische Konzepte*, Stuttgart u. a., 33–41.
[10] H. Halm (2005): *Die Schiiten*, München, 23–24.

rasch expandierenden Kosmos des Schiitentums erschafft und in Bewegung setzt."[11] Das bedeutet: Dieses Ereignis wirkte wie ein Urknall, wie eine *Initialzündung*, wohingegen die sich formierende Büßerbewegung mit ihrem Ende im Jahr 685 quasi eine Art *Matrix schiitischer Religiosität* beinhaltet. Anders gesagt: Die Büßerbewegung beinhaltet das, was dann zu religiösen Konstanten des sich formierenden Schiitentums werden sollte, nämlich die Themen „Verfehlung", „Reue", „Buße" und „Strafe".[12] Diese werden dann – drittens – in den nächsten Jahrhunderten *rituelle Ausdrucksformen in jährlich wiederholten Prozessionen und Passionsspielen finden*, wobei (das sei wenigstens angemerkt) natürlich auch Elemente aus anderen Religionstraditionen einfließen.[13]

Halten wir fest: Hier bewältigt eine Religionsformation in Gestalt einer spezifischen religiösen Bewusstseinshaltung (Schuld – Reue – Buße – Strafe) das, was in den Augen ihrer Anhänger/innen eine Katastrophe ist. In dieser Religionsformation wird die Katastrophe weiterhin ritualisiert in bestimmten Festzeiten, in denen die Ereignisse (der Tod des *al-Husain*) nachgespielt werden. *Von grundlegender Bedeutung ist dabei, dass das, was als Katastrophe angesehen wird, durch die religiösen Deuteschemata (historische Schuld, Reue, Buße usw.) aller erst konstituiert wird.* Anders ausgedrückt: Was in religiösen Kategorien einer bestimmten Religionsformation als „Katastrophe" angesehen wird, ergibt sich nicht selten erst aus dem Kontext ihrer spezifischen Kategorien heraus. Ohne die Loyalität zu Ali wäre sein Tod ein unbedeutendes Scharmützel im Zusammenhang von politischen Machtkämpfen geblieben. Hier wird also eine Katastrophe rituell bewältigt, die zwar in *religiösen Kategorien* eine Katastrophe ist, die jedoch nicht im Sinne des Todes einer großen Anzahl von Menschen zu verstehen ist.

---

[11] H. Halm (2005): *Die Schiiten*, 21.

[12] H. Halm (2005): *Die Schiiten*, 25.

[13] Zur politischen Symbolik der Aschura-Passionsspiele und ihren Aktualisierungen vgl. S. Rosiny (1996): *Islamismuus bei den Schiiten im Libanon*, Berlin, 81-83, B. Reuter (1993): *Ašura-Feiern im Libanon*, 52 ff.

Fazit: Der religiöse Deutehorizont konstituiert, was von einer Menschengruppe als Katastrophe angesehen wird. Hier wird der Tod einer kleinen, aber eben religiös sehr bedeutsamen Gruppe von Menschen im Nachhinein als religiöse Katastrophe gedeutet (die Festtraditionen bildeten sich erst in Jahrhunderten aus), die das religiöse Empfinden einer ganzen Religionsformation (schiitischer Islam) maßgeblich prägen sollte, und dies bis heute. Damit aber muss der Begriff „Katastrophe" erweitert werden, da er nicht nur auf Ereignisse massenhaften Todes oder etwa massiver Vertreibung zu beziehen ist, sondern es *um die religiösen Wahrnehmungsschemata* geht, in denen sich eine Religionsformation ausdrückt. Der Begriff Katastrophe ist – wenigstens in diesem Sinne (Stichwort Wahrnehmungsschemata) – hochgradig kontextuell.

4. Katastrophen und religiöse Alternativen – Beispiel Hereroaufstand 1904/07

Betrachten wir ein anderes Beispiel. Für das letzte Drittel des 19. Jahrhunderts wird für Südwestafrika die Bevölkerung des Volkes der Herero auf etwa 100.000 Menschen geschätzt. Es handelt sich um ein Hirtenvolk.[14] In der letzten Dekade des 19. Jahrhunderts wurden dieses und andere Völker der Region durch eine Reihe katastrophaler Ereignisse betroffen. So vernichtete eine Rinderpest im Jahr 1897 etwa 95 % des Viehbestandes der Herero und damit deren Lebensgrundlage. Im Jahr 1898 kam es darüber hinaus zu einer schweren Malariaepi-

---

[14] H. Gründer (1982): *Der Herero-Nama-Aufstand 1904/07 und seine politisch sozialen Folgen,* in: ders., *Christliche Mission und deutscher Imperialismus 1884-1914,* Paderborn, 121–135. Vgl. L. Engel (1982): *Die Rheinische Missionsgesellschaft und die deutsche Kolonialherrschaft in Südwestafrika 1884-1915,* in: J. Bade (Hg.), *Imperialismus und Kolonialmission. Kaiserliches Deutschland und koloniales Imperium,* Wiesbaden, 142–164; vgl. schon ders. (1972): *Die Stellung der Rheinischen Missionsgesellschaft zu den politischen und gesellschaftlichen Verhältnissen Südwestafrikas und ihr Beitrag zur dortigen kirchlichen Entwicklung bis zum Nama-Herero-Aufstand 1904–1907,* Hamburg, 183–209.

demie, bei der etwa 10.000 Herero den Tod fanden, also etwa
10 % der Bevölkerung. In den Jahren 1899 und 1900 folgten
eine Heuschreckenplage und eine Dürre. Dies zusammen-
genommen mit dem Druck weißer Siedler, die darauf drängten,
von den Herero beanspruchte Gebiete zu erwerben, führte zu
einer massiven Verarmung der Herero und zu einem weitgehen-
den Landverlust. Viele Herero mussten nun bei den Weißen arbeiten. Im Jahr 1904 kommt es zu einem Aufstand der Nama
und dann auch der Herero, wobei der Befehlshaber der deutschen Schutztruppen, Generalleutnant von Trotha, die Herero
einkesselt und nur einen Ausgang offen lässt: Den Weg in die
Wüste. Die meisten der fliehenden Herero kamen in der Wüste
um, viele wurden von den Wasserstellen ferngehalten. Am Ende
überlebten von den 80.000 Herero (nach der Malariaepidemie)
lediglich etwa 16.000 Menschen. Es handelt sich im Kalkül von
Trothas um einen Völkermord. Die überlebenden Herero wurden zunächst in Lagern gesammelt, es waren etwa 12.000 Menschen. Viele von diesen wurden später auf Farmen von weißen
Siedlern verteilt.[15]

Die überlebenden Herero waren durch diese Katastrophe
traumatisiert. Für ihre Zukunft nun spielten Missionare der
Rheinischen Missionsgesellschaft eine wichtige Rolle. Die
Missionare der Rheinischen Missionsgesellschaft hatten seit
Beginn ihrer Arbeit im Jahre 1842 – also schon Jahrzehnte vor
der kolonialen Inbesitznahme dieser Gebiete – friedlich und im
Wesentlichen einvernehmlich mit örtlichen Häuptlingen versucht, einheimische Kirchen unter den Herero in deren Gebieten
zu bilden. Dies hatte jedoch bis Ende des 19. Jahrhunderts nur
geringe Erfolge erzielt, was die Anzahl getaufter Christen be-

---

[15] Die Missionare forderten von der Kolonialregierung die Einrichtung von
Reservaten, was aber von dieser abgelehnt wurde. Auch die Wiederbe-
setzung von Missionsstationen war nicht in ihrem Interesse, da so sowohl
die Stammesverbände als auch die RMG als Machtfaktor ausgeschaltet
blieben. H. Gründer (1982): *Der Herero-Nama-Aufstand 1904/07*, 129; G.
Krüger (2004): *Was damals geschah*, in: J. Motte (Hg.), *100 Jahre Beginn
des Antikolonialen Befreiungskrieges in Namibia*, Breklum, 13–24, 20 ff.

traf. Nach dem Herero-Aufstand betreute die Mission die Menschen auf den Farmen. Missionare reisten von Farm zu Farm durchs Land, um den Menschen zu helfen. Da die Einheimischen tagsüber auf den Farmen zu arbeiten hatten, richteten die Missionen eine Betreuung in Gestalt einer Feierabendkirche ein. Nach der Katastrophe kam es zu einer großen Zahl von Konversionen zum Christentum.[16] In den Jahren nach 1909 nahm die Zahl der Einheimischen, die durch die Missionare der Rheinischen Missionsgesellschaft getauft worden waren, von 9000 Personen im Jahr 1909 auf insgesamt etwa 25.000 im Jahr 1914 zu, bei einer Zahl von 60.000 Einheimischen (ohne Stammesangehörige der Ovambos).[17]

Die genaueren Zusammenhänge sind Gegenstand der Konversionsforschung. Allgemein kann man sagen, dass ältere Sozialkonfigurationen (eigenes Land, Stammesstrukturen) sich aufgelöst hatten, alte Plausibilitätsstrukturen in Form von Riten usw. nicht mehr zugänglich waren, ältere Hierarchisierungen und Loyalitäten (Häuptlinge) in dieser Form nicht mehr vorhanden waren.[18] Gleichzeitig ist eine religiöse Alternativformation gegeben und mit dieser Religionsformation auch alternative und neue Muster der Vergemeinschaftung (als christliche Gemeinde) sowie neue Deutungsoptionen (religiöse Deutungsmuster). Der

---

[16] G. Jura (2002): *Deutsche Spuren in der Kirchen- und Gesellschaftsgeschichte Namibias,* Diss. Bonn, http://www-brs.ub.ruhr-uni-bochum.de/ netahtml/HSS/ Diss/Jura Guido/diss.pdf, 133–142, bes. 140 f. (abgerufen am 30. 11.11.)

[17] H. Gründer (1982): *Der Herero-Nama-Aufstand 1904/07,* 134.

[18] L. Engel (1982): *Die Rheinische Missionsgesellschaft und die deutsche Kolonialherrschaft in Südwestafrika 1884–1915,* in: J. Bade (Hg.), *Imperialismus und Kolonialmission,* 155: „Durch Verordnungen vom Dezember 1905 und vom August 1907 wurden ihr [gemeint sind die Afrikaner, HW] gesamtes Stammesvermögen und ihr Land von der Regierung [die deutsche Kolonialregierung in Südwestafrika, HW] konfisziert, die Stammesorganisationen aufgelöst. Die Einheimischen wurden zum Abschluss von Arbeitsverträgen bei Weißen sowie zur Führung von Pässen verpflichtet; Viehbesitz und Landerwerb wurden von der Zustimmung des Gouverneurs gemacht. Damit war eine Kontrolle über jeden Afrikaner möglich geworden. [...] ‚Eingeborenenpolitik' war künftig ‚Arbeiterpolitik'."

Historiker Horst Gründer deutet den sozialpolitischen Rahmen an, der jedoch noch nichts über die *subjektiv-religiöse Motivlage* der Menschen aussagt.

> Diese Massentaufen nach 1907 waren [...] weniger die Manifestation eines plötzlich erwachten religiösen Gefühls als vielmehr, über den Entschluss zu überleben hinaus, der Ausdruck einer „nationalen" Sammlungsbewegung. Die christlichen Gemeinden wurden zum Halt der sozial desorientierten und völkisch, religiös und kulturell entwurzelten Eingeborenen; bildeten die Missionskirchen doch den einzigen sozialen Rahmen, der ihnen gewisse Möglichkeiten gesellschaftlicher Reorganisation bot.[19]

Gründer hat damit etwas Richtiges gesehen, er unterschätzt dabei jedoch den Faktor der religiösen Deutung bzw. Selbstdeutung, wie Theo Sundermeier schon vor Jahren gezeigt hat, da hier das Kommen einer Katastrophe, so die Deutung schon von einer zentralen Gestalt des eigenen Volkes quasi vorhergesehen wurde. Diese Zusammenhänge können hier indes nicht weiter vertieft werden.[20]

Eine bedeutende Reaktionsweise von „Religionen" im Blick auf Katastrophenerfahrungen ist es also, dass Menschen und Menschengruppen von einer Religionsformation in eine andere hinüberwechseln. Beispiele gibt es viele, etwa die Konversionsbewegungen von Menschen traditional-religiösen Hintergrundes in Westafrika, die sich in den Jahren nach 1918 in großer Zahl den Aladura-Kirchen anschlossen. Verschiedene Kontexte sind hier zu nennen, etwa wirtschaftliche Schwierigkeiten, besonders jedoch die großen Grippeepidemien (spanische Grippe), die Zigtausende von Menschen dahinrafften. Die Aladura-Christen/-innen begegneten dieser Bedrohung, gegen die andere rituelle Muster nicht zu helfen schienen, durch die intensive Praxis des

---

[19] H. Gründer (1982): *Der Herero-Nama-Aufstand 1904/07*, 134. Weiter heißt es: „Der Aufstand von 1904/1907 wurde deshalb auch von den Eingeborenen zunehmend als nationaler Freiheitskrieg interpretiert; insofern war er tatsächlich die Geburtsstunde des modernen afrikanischen Nationalgefühls bei den südwestafrikanischen Stämmen."

[20] Vgl. dazu ausführlich: Th. Sundermeier (1977): *Die Mbanderu. Studien zu ihrer Geschichte und Kultur*, St. Augustin.

Heilungsgebetes im Glauben an die göttlichen Kräfte, die durch den Namen Jesu Christi und den Heiligen Geist erfahrbar würden.[21] Die unmittelbare Evidenz stellte sich durch – in den Augen der Glaubenden – tatsächlich erfolgte Heilungen ein, wie immer man die Vorgänge aus „westlicher" Sicht bewerten mag. Auch dies ist ein Beispiel für eine Katastrophenerfahrung (Epidemie), die durch einen Religionswechsel beantwortet wird. Andere Beispiele wären zu nennen, etwa die Anfänge der protestantischen Kirche auf der Insel Bali.

Doch ist schon diese Beschreibung mit einigen Schwierigkeiten belastet und es ist zu fragen, wie sehr solche Aussagen verallgemeinert werden können. Dazu folgende Beobachtungen: (1.) Sicher ist es in vielen Religionsformationen zutreffend, dass wirtschaftliche Miseren, Missernten, Kriege, Krankheiten oder Unwetter als Folge der Machtlosigkeit der bisher verehrten höheren Mächte gewertet werden. Scheint die Machtlosigkeit der bisher verehrten Mächte erwiesen, so wendet man sich in der Suche nach Lebensgewinn einer verheißungsvolleren höheren Macht zu, und sei es diejenige eines Fremden. (2.) Diese Reaktion ist jedoch nur unter der Voraussetzung möglich, dass erstens eine solche religiöse Alternative überhaupt vor Ort vorhanden ist, und zweitens, dass diese Religionsformation so abgrenzbar ist, dass eine Art von Übergang überhaupt beobachtet werden kann. Anders ausgedrückt: Bei gänzlich dezentralen Religionsformationen kann ein solcher Religionswechsel schon allein deshalb nicht beobachtet werden, da es keine klaren Abgrenzungen in Form von neuen Riten, sozial-religiösen Grenzziehungen oder einem Zugehörigkeitsbewusstsein gibt. Die Reaktion „Konversion" ist damit an dieses setting (Gemeinschaftlichkeit, rituelle Wiedererkennbarkeit, Abgrenzbarkeit) gebunden, und es verwundert nicht, dass die Reaktion „Konversion" insbesondere in Konstellationen beobachtet werden kann, in denen etwa Christentum oder Islam als relativ „grenzstarke" Religionsformationen beteiligt sind.

[21] J. D. Y. Peel (2003): *Religious* Encounter *and the Making of the Yoruba*, Bloomington/Indianapolis, 2 ff.

Sind aber wirklich Katastrophen die Auslöser dieser Reaktion? In der Konversionsforschung jedenfalls werden im Blick auf Schwarzafrika verschiedene Theorien vertreten, so etwa die Ansicht, es sei der Druck kolonialer Präsenz gewesen, der Menschen zur Konversion veranlasst habe. Angesichts der schwachen personellen Präsenz erscheint dies allerdings eher unwahrscheinlich. Dagegen wurde von Robin Horton argumentiert, die koloniale Situation habe Menschen aus einem sozialen *smallscale setting* mit lokalen Ahnen und Geistern in eine weitere soziale Sphäre überführt, weshalb die Idee eines jenseitigen Gottes eine neue Deutungsoption dargestellt habe. Dieser Theorie nach wären Konversionen zu Christentum und Islam in Afrika also auch ohne kolonialen Druck zustande gekommen. Wieder andere Theorien sehen Konversionen in Zusammenhang mit dem Erwerb von *upward mobility* angesichts der wirtschaftlichen und technischen Überlegenheit der kolonialen Präsenz, was ein Ineinander von freiwilliger Annahme, religiösen Motivationen und Eigeninteresse unterstellt. Hier öffnet sich ein weites Feld der Theoriediskussion. Aus der religionsgeschichtlichen Vogelperspektive jedenfalls fällt auf, dass in vielen Fällen große Konversionsbewegungen in einem unmittelbaren zeitlichen Zusammenhang mit Ereignissen, die als Katastrophen erlebt worden sein müssen, zu stehen kommen.

5. Wenn Katastrophen gedeutet werden – Beispiel Tsunami in Aceh (Indonesien)

Neben den Reaktionsformen *rituelle Bewältigung* von Katastrophen sowie *Religionswechsel* lässt sich als dritte Reaktionsweise die *Neuinterpretation* religiöser Traditionen nennen. Dabei wäre zu unterscheiden erstens zwischen Interpretationen, die kollektiv geteilt werden und zweitens solchen, die sich lediglich individuell nachweisen lassen, in denen jedoch religiöse Traditionsmuster eine bedeutende Rolle spielen. Fragen wir zunächst nach *kollektiven Interpretationsmustern*. Zu fragen ist: Was wird hier von wem aus welcher Position heraus wie gedeutet, und welche Breitenwirkungen erzielen welche Deutungsmuster warum?

Dies sei am Beispiel des Tsunami erläutert, der am 26. Dezember 2004 über Küstengebiete in Asien hereinbrach, besonders verheerend in Indonesien, Thailand, Sri Lanka und Indien. Konzentrieren wir uns auf Indonesien, dort besonders auf die Insel Sumatra und hier wieder auf ihre nördliche Provinz Aceh, die besonders hart vom Tsunami getroffen wurde. Ausgerechnet Aceh jedoch hat eine besonders strenge muslimische Bevölkerung. Warum als hatte, wenn Allah für alle Dinge verantwortlich ist, und nichts gegen seinen Willen geschieht, Allah ausgerechnet das streng muslimische Aceh so hart heimgesucht?

Werner Kraus hat durch Befragungen festgestellt, dass sich die innermuslimischen Deutungen des Tsunami sehr voneinander unterscheiden. Die Deutungen sind demnach nicht einfach aus religiösen Versatzstücken (etwa Koranzitaten) ableitbar, wie dies früher angenommen wurde, als man „dem" Islam allgemein einen Hang zum „Fatalismus" unterstellte. Deutungen sind nicht aus der Korrelation von Texten und Geschehnissen ableitbar, sondern aus der spezifischen Perspektive der Interpreten. Insofern gibt auch nicht „die" muslimische Interpretation von Katastrophen.

Gehen wir einigen dieser Deutungen nach und fragen, von wem diese vorgenommen werden. Einige Deutungsmuster gehen davon aus, dass der Tod von Tausenden von Menschen als eine Strafe Allahs zu verstehen ist. Innerhalb dieser Gruppe gibt es die Meinung, es handele sich um eine Strafe für die Separationsbestrebungen der Provinz Aceh.[22] Die These: Gott habe Aceh gestraft, weil die Muslime dieser Gegend sich vom Staat Indonesien haben abspalten wollen. Diese Deutung nimmt Bezug auf die Tatsache, dass in der Provinz Aceh seit langer Zeit seitens verschiedener Gruppierungen Tendenzen zur Abspaltung vorhanden sind. Da aber die Separatisten damals wie heute ihre Stützpunkte in den Bergen hatten und haben, war diese Deutung offensichtlich anfechtbar. Deshalb musste die Katastrophe als

---

[22] W. Kraus (2006): *Die Zeichen lesend. Islamische Interpretationen und Reaktionen auf den Tsunami in Aceh*, in: *Internationales Asienforum* (37), 239–263, 244.

eine *kollektive* Strafe Allahs an Aceh gerechtfertigt werden. Demnach wäre Gott quasi als indonesischer Nationalist daran interessiert, das Land als Einheit zusammen zu halten. Im Gegenüber zu *nationalistischen Deutungen* sahen *islamistische Deutungen* im Tsunami allgemein eine Strafe für Menschen, die sich nicht streng genug an den göttlichen Willen, und das heißt an die Scharia halten. Hier wurde häufig eine *gesamtasiatische Topographie des Zornes Allahs* erstellt. In vielen Büchern wurden Deutungen des Tsunami geliefert, so auch im Werk eines gewissen *Abdurrahman al-Baghdady*, der unter dem Titel „Tsunami. Zeichen der Macht Allahs" wie folgt schreibt:

> Allahs Zorn richtet sich gegen alle, die nicht an ihn glauben, Buddhisten und Hindus, die in Thailand, Myanmar, Indien und Sri Lanka Muslime abschlachten. Er ist zornig auf die westliche Mafia, die mit asiatischen Frauen und Kindern handelt. Er ist zornig auf die Homosexuellen und Prostituierten, die in Thailand Hunderttausende von Touristen bedienen. Er ist zornig auf jene, die sich gegen die Ordnung des Lebens versündigen und sich nicht an die Scharia halten. Allah ist zornig auf jene Muslime, die Weihnachten und Neujahr feiern, die es wagen, Christen zu Weihnachten in die Moscheen einzuladen. Allah ist zornig auf die Jugendlichen Acehs, die Marihuana rauchen. Auf jene, die am Strand feiern und sich betrinken und jene, die sich in der Nähe der Moschee mit Mädchen treffen, ohne sich zu schämen oder den Zorn Gottes zu fürchten.[23]

Hier werden demnach verschiedenen Küstengebieten verschiedene Verfehlungen zugeordnet.

Bedeutsam ist jedoch, dass nach den Recherchen von Kraus diese Deutungen gerade von solchen Muslimen vorgebracht wurden, die gar nicht in Aceh lebten und also vom Tsunami auch gar nicht betroffen waren. Gegenüber der Linie *Zorn Gottes und Strafe* wurde dagegen von Muslimen *in den Küstenregionen Acehs* gar keine Antwort auf die Frage nach dem Warum gegeben. Besonders die hohen Vertreter der Gelehrtenschaft und der einflussreichen Sufi-Bruderschaften hielten sich

---

[23] Zit. nach: W. Kraus (2006): *Die Zeichen lesend*, 245.

mit Deutungen zurück.[24] Im Zustand der Traumatisierung wurde demnach eine inhaltliche Begründung verweigert. Hier wurden der tausendfache Tod und die Zerstörung vielmehr als eine *Prüfung Gottes* gedeutet, eine Prüfung, *die jedoch nicht notwendig einen göttlichen Zorn voraussetzen muss.*[25] Als Prüfung war damit einerseits, so kann man interpretieren, ein Sinnhorizont aufgespannt, andererseits jedoch auch eine Entlastung („Wir sind nicht schuld") gegeben.

Man sieht, dass es nicht *die* muslimische Deutung der Katastrophe gibt, sondern je nach örtlicher Nähe und Distanz sowie nach dem Betroffenheitsgrad sehr unterschiedliche Interpretationen, wobei auch politische Optionen deutlich zu erkennen sind. Den radikalen Kräften in Aceh gelang es indes in den folgenden Jahren, die sich immer stärker durchsetzende Deutung der Katastrophe als Strafe Gottes so zu nutzen, dass sie diese Deutung zugleich als Androhung künftigen göttlichen Zorns auslegten und damit, quasi als Vorsichtsmaßnahme gerechtfertigt, die Einführung von schariatsrechtlichen Bestimmungen durchsetzten.[26] Interpretationen gehen hier über in politisches Handeln, allerdings ein Handeln von gesellschaftlichen Minderheiten, die unter bestimmten Umständen besonderen Einfluss erlangen konnten.

6. Religionen und Katastrophen – ein methodologisches Fazit

Die Beispiele mögen gezeigt haben, wie schwer es ist, eine intuitiv einleuchtende Frage zu beantworten. Zunächst ist es der Begriff „Katastrophe" selbst, der die Eingrenzung des Gegenstandes so schwer macht. Man kann fragen: Welche Kriterien

---

[24] Die *Naqshbandiyya-Khalidiyya* und die *Shattariyya*. W. Kraus (2006): *Die Zeichen lesend*, 248.

[25] Hier wird oft auf den Koran, Sure 21, 35 verwiesen: „Jedwede Seele schmeckt den Tod, wir aber prüfen euch mit Bösem und mit Gutem als Versuchung." Zit. nach W. Kraus (2006): *Die Zeichen lesend*, 246.

[26] W. Kraus (2006): *Die Zeichen lesend*, 250 f. Untergangsszenarien werden im Koran mehrfach als Flutwellen beschrieben.

gibt es, um ein Ereignis als „Katastrophe" zu bezeichnen? Ist es die Plötzlichkeit oder die Dauer, ist es die Anzahl von Toten, ist es die Grausamkeit des Ereignisses selbst, ist es die traumatisierende Wirkung auf eine Wir-Gruppe? Sollten man nur solche Ereignisse als „Katastrophe" bezeichnen, die aus der Perspektive einer Wir-Gruppe als solche benannt werden? Und wenn ja, in welcher Sprache? Könnte es sein, dass globale Katastrophendiskurse sich heute auch der Tatsache verdanken, dass durch den globalen Medienraum einerseits und die globale Verbreitung der englischen Sprache andererseits und hier wiederum mit den englischen Begriffen *katastrophe* und *disaster* eine gemeinsame Basis gegeben ist? Und weiter: Darf man aus der Perspektive einer bestimmten Kultur- und Religionsformation heraus Ereignisse in anderen kulturell-religiösen Zusammenhängen von außen überhaupt als „Katastrophe" bezeichnen?

Genauso schwierig ist es, wie gezeigt wurde, Reaktionsweisen von Kulturen und Religionsformationen zu identifizieren. Wie für alle Gegenstände wissenschaftlicher Analyse stellt sich auch hier die Frage nach dem Abstraktionsgrad der Beschreibungsmuster. Je abstrakter die Beschreibung, desto breiter die Anwendbarkeit, je detaillierter die Beschreibung, desto größer die Tendenz, die „großen Linien" aus den Augen zu verlieren und die Betrachtungen von Religionsformationen in Einzelstudien aufgehen zu lassen. Ich habe versucht, einen mittleren Weg zu wählen, indem ich die drei Reaktionsformen, nämlich Ritualisierung, Religionswechsel und Interpretation unterschieden habe, die sich natürlich in vielfacher Weise und unterschiedlichem Grade durchdringen, überschneiden und ineinander übergehen. Damit wird zwar keine erschöpfende Antwort möglich, und schon der Versuch einer solchen Antwort würde zu Recht als Hybris erscheinen. Die dargelegten Unterscheidungen ermöglichen es jedoch, Phänomene von Katastrophen und die in Religionsformationen hervorgerufenen Reaktionen genauer in den Blick zu nehmen, in Fragen wie etwa: Wie sind diese Religionsformationen strukturiert? Stichwort Ritualisierungen. In welchem Verhältnis stehen einzelne Religionsforma-

tionen zueinander? Stichwort Konversion. Welche Deutungsoptionen werden innerhalb einer Religionsformation von wem
und mit welchem mutmaßlichen Interesse vorgetragen? Stichwort Interpretation.

Erst dann, wenn sowohl das Thema „Katastrophen" wie auch
das Thema „Religionsformationen" auf diese Weise multiper-
spektivisch angegangen wird, kann sich meines Erachtens der
Blick auch auf die *eigenen Frageintentionen* öffnen, denn eingestanden oder uneingestanden geht es bei dieser Frage auch um
eine *Bewertung* von Religionsformationen, etwa, ob sie unseres
Erachtens (wer immer wir sind) einen hilfreichen Beitrag zur
Bewältigung von Katastrophen leisten oder aber, wie ältere reli-
gionskritische Mutmaßungen lauten, Religionen Menschen eher
„vertrösten" als ihnen helfen.[27] Schon die Frage dieses Vortrages ist also interessegeleitet, und dieses Interesse sollte bewusst
gemacht und eingestanden werden. Die Beispiele haben gezeigt,
wie verschiedene Reaktionsmuster auf Katastrophen in verschiedenen Religionsformationen vorkommen und wie kontextuell diese bedingt sind. Daher ist es wohl nur konsequent, dass
die Frage, ob solche Reaktionen sich im „Christentum", im
„Islam" oder im „Buddhismus" grundsätzlich voneinander
unterscheiden, als gegenstandlos übergangen wurde.

Literaturauswahl

Briese, O.; Günther, T. (2009): *Katastrophe. Terminologische
    Vergangenheit, Gegenwart und Zukunft*, Archiv für Be-
    griffsgeschichte (51), 155–195.
Dormeier, H. (2003): *Pestepidemien und Frömmigkeitsformen
    in Italien und Deutschland (14.–16. Jahrhundert)*, in: M.
    Jakubowski-Tiessen; H. Lehmann (Hg.) (2003): *Um Him-
    mels Willen. Religion in Katastrophenzeiten*, Göttingen,
    14–50.

---

[27] Zu Fragen interreligiöser und interkultureller Hermeneutik vgl. H.
Wrogemann (2012): *Interkulturelle Theologie und Hermeneutik. Grundfragen, aktuelle Beispiele, theoretische Perspektiven*, Gütersloh.

Fechter, F. (1992): *Bewältigung der Katastrophe. Untersuchungen zu ausgewählten Fremdvölkersprüchen im Ezechielbuch*, Berlin.

Gründer, H. (1982): *Der Herero–Nama-Aufstand 1904/07 und seine politisch sozialen Folgen*, in: ders., *Christliche Mission und deutscher Imperialismus 1884–1914*, Paderborn, 121–135.

Jäger, M. u. a. (Hg.) (2003): *Gott und die Katastrophen. Eine Debatte über Religion, Gewalt und Säkularisierung*, Berlin.

Jakubowski-Tiessen, M.; Lehmann, H. (Hg.) (2003): *Um Himmels Willen. Religion in Katastrophenzeiten*, Göttingen

Kinzig, W. (Hg.) (2011): *Katastrophen – und die Antworten der Religionen*, Würzburg.

Kinzig, W.; Rheindorf, Th. (2011): *Einleitung*, in: W. Kinzig (Hg.), *Katastrophen*, o.a., 7–17.

Kraus, W. (2006): *Die Zeichen lesend – Islamische Interpretationen und Reaktionen auf den Tsunami in Aceh*, in: *Internationales Asienforum* (37), 3–4, 239–263.

Reuter, B. (1993): *Ašura-Feiern im Libanon. Zum politischen Potential eines religiösen Festes*, Münster/Hamburg.

Sundermeier, Th. (1977): *Die Mbanderu. Studien zu ihrer Geschichte und Kultur*, St. Augustin.

Vögele, W. (2007): *Zivilreligion, Katastrophen und Kirchen*, EZW-Texte 189, Berlin.

Wrogemann, H. (2012): *Interkulturelle Theologie und Hermeneutik. Grundfragen, aktuelle Beispiele, theoretische Perspektiven*, Gütersloh.

HARTMUT BÖHME

Postkatastrophische Bewältigungsformen von Flutkatastrophen seit der Antike

1.Einführung: Moderne und antike Katastrophen

Am 4. Januar 2012 legte der größte Rückversicherer der Welt, die Munich Re, seinen Jahresbericht 2011 vor (Abb. 1):[1]

- 2011 ist das Jahr mit den höchsten Schäden aus Naturkatastrophen aller Zeiten;
- die gesamtwirtschaftlichen Schäden lagen weltweit mit etwa 380 Mrd. US-Dollar fast um zwei Drittel höher als 2005 (bisheriges Rekordjahr mit Schäden von 220 Mrd. US-Dollar);
- allein die Erdbeben in Japan im März und in Neuseeland im Februar verursachten fast zwei Drittel dieser Schäden;
- Extremsituationen, deren Wiederkehrperioden bezogen auf den Ort des Ereignisses zum Teil bei einmal in 1000 Jahren oder sogar höher liegen;
- rund 820 schadenrelevante Ereignisse im Jahr 2011 (2010: 970; 10-Jahres-Durchschnitt: 790);
- 90 % der registrierten Naturkatastrophen waren wetterbedingt;

---

[1] http://www.munichre.com/de/media_relations/ press_releases/2012/2012 _01_04_press_release.aspx. Zugriff am 10.01.2012. – Ferner: http://www. munichre.com/app_pages/www/@res/pdf/media_relations/press_releases/2 012/2012_01_04_munich_re_natural-catastrophes-2011-overview_de.pdf. Zugriff am 10.01.2012.

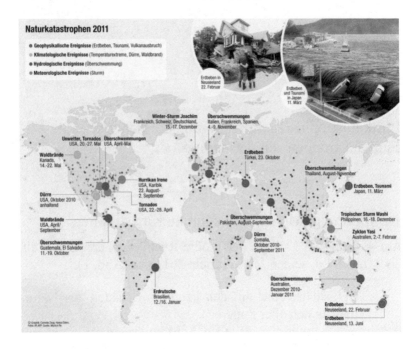

Abb. 1: Naturkatastrophen 2011.
Quelle: © SZ-Graphik: http://www.sueddeutsche.de/wirtschaft/munich-re-
rechnet-vor-so-teuer-war-das-katastrophenjahr-1.1250975

- jedoch knapp zwei Drittel der gesamtwirtschaftlichen Schäden entfielen auf geophysikalische Ereignisse, insbesondere die großen Erdbeben (30-Jahres-Durchschnitt: geophysikalische Ereignisse trugen nur knapp 10 % zu den versicherten Schäden bei);
- ungewöhnliche regionale Verteilung der Schäden: Rund 70 % der gesamtwirtschaftlichen Schäden entfielen auf Asien;
- rund 27.000 Todesopfer durch Naturkatastrophen im Jahr 2011; allerdings ohne die Todesopfer der Hungersnot in Folge der schlimmsten Dürre seit Jahrzehnten am Horn von Afrika, die als die größte humanitäre Katastrophe des

vergangenen Jahres gilt (2010: 296.000; 10-Jahres-Durchschnitt: 106.000);
- „Extreme Wetterverhältnisse, ausgelöst durch den fortschreitenden Klimawandel, erzeugen immer höhere Schäden".

Man kann dieser Zusammenstellung entnehmen: bei Katastrophen sind die am wenigsten aufgeregten Institutionen der Welt – die Versicherungen. Sie tun nichts weiter, als so genannte Ereignisse zu registrieren, zu klassifizieren und in Langzeitentwicklungen zu transformieren, um daraus die Risiko-Wahrscheinlichkeiten und Versicherungspolicen zu berechnen. Es gibt keine kühlere Umgangsweise mit Katastrophen als diese. Sie hat nichts mit Religion, Moral, Politik, Nation, Medienerregungen, mit Heldentum und Versagen, Trauer und Schmerz, Solidarität und professionellen Hilfsmaßnahmen zu tun. Die Rückversicherer sind zur wichtigsten Deutungsmacht für Katastrophen geworden. Sie sind am nahesten am Ereignis und zugleich am meisten distanziert.

Um 500 n. Chr. verdichteten sich in Byzanz die Nachrichten über katastrophale Ereignisse: Erdbeben, Großbrände, Dürrekatastrophen, Überschwemmungen, kriegerische Brandschatzungen und Pest schienen das oströmische Reich heimzusuchen. Die Mittelmeerkulturen waren an Naturkatastrophen seit alters gewohnt. Der Mittelmeergürtel gehört zu einer erdbeben- und vulkanaktiven geologischen Zone, weswegen auch Tsunami-Katastrophen und Großbrände nicht selten waren. Abgesehen von frühen naturkundlichen Erklärungsversuchen bestand die Katastrophenbewältigung vor allem darin, die Naturkatastrophen als Symptome einer gestörten Gott-Mensch-Kommunikation, d. h. gerade nicht als physikalische, sondern als semantische Ereignisse zu deuten. Katastrophen liegen erst dann vor, wenn sie als solche Bedeutungsgeschehen konstruiert werden. Durch *Sacerdotes* und Bittzeremonien versuchte man, die *pax deum* wieder herzustellen. Katastrophen waren Zeichen bzw. Vorzeichen. Die *procuratio prodigiorum* – also die kultische

Sühnung nach einem Zeichen des göttlichen Zorns – ist in alten Kulturen die allgemeine Form postkatastrophischer Sinnbewältigung. Dass die hermeneutische Arbeit die Hauptsache war, wurde im Christentum noch verstärkt. Die von den Vorsokratikern bis zu Seneca entwickelten Ansätze zu einer wissenschaftlichen Konstruktion von Naturkatastrophen wurden nahezu völlig vernachlässigt. Stattdessen wurden Katastrophen prokuriert durch apokalyptische und chronographische Spekulationen. Dazu gehörten in Ost-Rom vor allem die von vielen Krisensymptomen gespeisten Weltende-Erwartungen: um 500 würde die Welt untergehen und zu diesem *Beginn* des Weltendes gehörte als Vorzeichen die erschreckende Serie von Naturkatastrophen.[2]

Wir halten fest: die *moderne* Variante eines Risikomanagements konzentriert sich auf Bewältigung von numerisch feststellbarem Schaden; die *antike* Variante, pagan wie christlich, zielt dagegen auf die symbolische Heilung der in der Katastrophe geschlagenen Wunden in der Ordnung von menschlicher und göttlicher Welt. Gewaltige Zerstörungsgeschehnisse sind in der Moderne „Ereignisse", deren letzter Referent eine sinnfreie Natur ist; während eben diese Natur in der Antike nur das Medium darstellt, durch das mächtige Mitteilungen in die Menschenwelt einbrechen, die Identität von Gemeinschaften erschüttern und deswegen zuerst *semantische* Antworten erfordern. In der Moderne wird der *materielle* Schaden kompensiert, in der Antike wird der *symbolische* Schaden geheilt. Nun sind aber auch in der Moderne Großschadensfälle nicht nur

---

[2] Olshausen, Eckart/Sonnabend, Holger (Hg.): *Naturkatastrophen in der Antiken Welt. Stuttgarter Kolloquium zur historischen Geographie des Altertums.* Wiesbaden 1998. – Sonnabend, Holger: *Hybris und Katastrophe. Der Gewaltherrscher und die Natur.* In: ebd., S. 35–40. – Waldherr, Gerhard: Altertumswissenschaften und moderne Katastrophenforschung. In: ebd. S. 51–69. – Sonnabend, Holger: *Naturkatastrophen in der Antike. Wahrnehmung – Deutung – Management*; Stuttgart 1999. – N. Groh, Dieter/Kempe, Michael/Mauelshagen, Franz (Hg.): *Naturkatastrophen. Zu ihrer Wahrnehmung, Deutung und Darstellung von der Antike bis ins 20. Jahrhundert.* Tübingen 2001.

„Ereignisse", sondern ebenfalls Katastrophen: d. h. sie betreffen die moralische und affektive, oft auch politische Ordnung von Kollektiven – und sie müssen deswegen auch öffentlich und semantisch reguliert werden.[3] Dafür sind heute nicht mehr Priester-Eliten oder Kirchen zuständig, sondern die Medien und die Politik. Sie übernehmen jene kathartischen Aufgaben, die Religionen und Rituale innehatten – und sie müssen es tun, weil das Grundmuster des modernen Katastrophen-Erlebens nach wie vor darin besteht, nach Schuld zu suchen und Schuld zu bewältigen. Darum können noch heute die Leidtragenden und Toten als Opfer für das (unverdiente) Überleben des Kollektivs verstanden werden; oder die Opfer der Katastrophe erfordern neue Opfer – nämlich Sündenböcke –, um für die Katastrophe Sühnearbeit zu verrichten.

Umgekehrt soll man bei den antiken Gesellschaften nicht übersehen, dass *auch* realistische Bewältigungsformen von Katastrophen entwickelt wurden: etwa wenn in Reaktion auf Überschwemmungen Dämme gebaut und Entwässerungssysteme entwickelt wurden; oder wenn in Rom eine staatliche Feuerbekämpfung eingerichtet wurde, besondere Bauweisen von Fundamenten und Wänden zur Abwehr von Erdbeben-Folgen entwickelt oder bei der Standortauswahl von Siedlungen mögliche Katastrophen berücksichtigt wurden. Gewiss waren auch Fürsorgemaßnahmen durch Herrscher gebräuchlich (letzteres war schon für die Erzeugung von Loyalitäten opportun). Natürlich war auch schon in der Antike bekannt, dass die Katastrophe der Anderen (nämlich der Feinde) – ein Gewinn für die eigene Gemeinschaft, Armee oder Religion sein kann. Darauf verstand sich das Christentum besonders gut, insofern

---

[3] Briese, Olaf/Günther, Timo: *Katastrophe. Terminologische Vergangenheit, Gegenwart und Zukunft.* In: Archiv für Begriffsgeschichte 51 (2009), S. 155–195. –Eldredge, Niles: *Wendezeiten des Lebens: Katastrophen in Erdgeschichte und Evolution.* Heidelberg/Berlin/Oxford 1991. – Zur heutigen Katastrophenforschung gibt einen Überblick: Becker, Horst Dieter/Domres, Bernd/Finck, Diana von (Hg.): *Katastrophen. Trauma oder Erneuerung?* Tübingen 2000.

es, je nachdem, Katastrophen als mahnenden Aufruf zur inneren Umkehr und Buße, als Strafe Gottes für eigene Sünden, als Zeichen des Siegs Gottes über seine Feinde oder als hilfreiche Gnade für die eigenen Heerscharen deuten konnte.

Vielleicht ist gerade deswegen, weil Naturkatastrophen kontingent sind, der Bedarf nach sinnerzeugenden Narrativen nie so groß und fordernd wie hier. Es lässt sich eine historische Regel aufstellen: mit Naturkatastrophen, Epidemien, Krisen steigt der Orientierungs- und Sinnbedarf. Eben darum ist jede Katastrophe potentiell eine Gefährdung der Eliten und Führer, wenn diese den vom Kollektiv ausgehenden Erwartungen auf Sinndeutung nicht nachkommen. Umgekehrt ist die Verlockung der für Sinnverwaltung zuständigen Eliten sehr groß, die Katastrophe zu instrumentalisieren, um das Volk mit herrschaftsaffirmativen Deutungen zu füttern und zu binden.

2. Im Anfang war die Angst

Als Odysseus sich endlich von der Nymphe Kalypso loswinden kann, ein besegeltes Floß baut, mit dem er ins Meer sticht, da erzürnte der Meergott Poseidon und entfesselt einen wütenden Sturm gegen Odysseus:

> (Poseidon) versammelte Wolken, und regte das Meer auf
> Mit erhobenen Dreizack; rief itzt allen Orkanen,
> Aller Enden zu toben, verhüllt' in dicke Gewölke
> Meer und Erde zugleich; und dem düstern Himmel entsank Nacht.
> (Odyssee V, 291–294)

Derartige Stellen sind in der „Odyssee" häufig. Sie zeigen das Zusammenspiel von Wasser, Winden und Wolken, das dem leidgeprüften Helden „Herz und Knie" erzittern lässt. Dem Untergang nahe wird er, „schreckliche Angst" erduldend, mit Hilfe von Göttinnen ans Gestade der Phäaken geworfen, wo die Königstochter Nausikaa den Schiffbrüchigen aufliest.

Die Auseinandersetzung mit dem Meer in der „Odyssee" spiegelt den kulturellen Sprung des Landvolkes der Griechen auf die See, den Übergang von territorialen zu thalassalen

Herrschaftsformen. Es sind bedeutende Kultivierungsleistungen, durch die sich die Griechen mit den Übermächten der Natur ins Benehmen setzen: symbolisch wie praktisch, in den Formen der Religion, des Mythos, der Wissenschaft sowie der Technik, Seefahrt und Navigation. Die Odyssee reflektiert noch jenes mythische Bewusstsein, das die Natur als Schauplatz von Göttern phantasiert – im Guten wie im Bösen. Wettergottheiten sind nicht nur in Griechenland, sondern in vielen Kulturen verbreitet. In der Antike tragen alle wesentlichen Naturerscheinungen die Namen von Gottheiten. Es überrascht darum nicht, dass der Beginn der griechischen Wissenschaft – neben der Astronomie, Geometrie und Mathematik – besonders von Fragen der Erdbeben und Vulkane, des Gewitters, der Stürme, des Regenbogens und der Fluten fasziniert war.

In der Antike stellten die Götter sich vorwiegend in der stummen Beredsamkeit übermächtiger Naturkräfte dar. Darum riefen sie Angst hervor, welche die Wurzel der meisten Religionen ist. In der Odyssee zeigt sich, dass im Grenzfall mit Gottheiten nichts zu verhandeln ist, sondern dass ihre Wut in ein mörderisches Wetter umschlägt, wo das ursprünglich Ungeschiedene (das Chaos) wie ein nahes Weltende droht. Dies gilt auch für die biblische Sintflut-Geschichte. Beinahe alle Apokalypsen sind Wetterkatastrophen.

Die Elemente als Medien von Katastrophen bieten die Szenarien der ‚großen Ängste‘. Kataklysmos und Ekpyrosis sind feste Vorstellungsfiguren unserer Kultur. Die Sintflut-Mythe von Deukalion und das Weltbrand-Szenario, das Phaeton auslöst, sind nur zwei Exempel der interkulturell verbreiteten Katastrophen-Narrative.[4] Sie haben auch in der Philosophie ihren Ort, wenn Heraklit das Werden und Vergehen des Weltalls im Feuer lehrt, oder Platon vom Untergang des sagenhaften Atlantis berichtet. Seit der mesopotamischen Hochkultur haben sich die Ängste vor der Natur gerade im Bann der Elemente entwickelt. Im Gegenzug wird die Technik ihre Macht genau in

---

[4] Böhme, Gernot/Böhme, Hartmut: *Feuer Wasser Erde Luft. Eine Kulturgeschichte der Elemente.* 2. Aufl. München 2004, S. 50–90.

den Medien der Elemente entfalten: von der Zähmung des Feuers bis zu den Energietechniken, von den mythischen Flugphantasien bis zur Weltraumreise, von der Erfindung des Schiffes bis zur Territorialisierung des Meeres, von der mythischen Gaia bis zur Erde, die in den Besitz des Menschen genommen ist. In Feuer, Wasser, Erde und Luft wird die Macht der Natur am intensivsten erfahren und darum sind sie die großen Schulen der Angst. In Feuer, Wasser, Erde und Luft wird aber auch die Machtentfaltung durch Technik am nachhaltigsten etabliert. Darum ist Technik auch eine Unternehmung zur Vertreibung der Angst vor Natur. Sie ist darin Erbin der Religionen.

Die längste Strecke der Geschichte waren die Menschen von der Angst beherrscht, welche eine unberechenbare Natur auslöst. Die Religionen legen ein beredtes Zeugnis davon ab, dass das menschliche Leben als bedroht von Untergängen angesehen wurde. Auch die auf Ausgleich der Gewalten zielenden Weltbilder sind vor allem aus ihrer Funktion zu erklären: die Stillstellung der elementaren Ängste.

3. Wasser, Schifffahrt und Kultur

Die Geschichte der Nutzung von Flüssen und Meeren durch Schiffe ist Jahrtausende alt. Ohne Schiffe hätte sich die Menschheit nicht auf alle Kontinente ausbreiten können; und niemals hätte sich der Mensch zum Herrn der Erde entwickelt ohne diese vielleicht folgenreichste Erfindung vor der Erfindung des Flugzeugs. Der Mensch ist physiologisch ein Landtier, ein Abhängiger territorialen Lebensraumes; zum Kolonisator der Erde wurde er erst durch das Schiff. „Weltbewusstsein" (A. v. Humboldt) ist ein Effekt der seefahrerischen Unternehmen, welche die Grundlagen legten für die globale kartographische Erfassung und für Nachrichtennetze, welche Erzählungen, Informationen und Bilder überall hin transportierten. Mit dem Verkehr von Personen und Waren über das Meer beginnt die Geschichte der

Globalisierung.[5] Schiffsrouten sind die ersten medialen Übertragungswege, welche die sprachliche, bildliche und kartographische, kurz: die symbolische Repräsentation des Globus erlaubten. Schiffsrouten sind indes auch die Linien kühner Grenzüberschreitung. Sie sind die Vektoren, auf denen sich Staatsmacht und Kapitalmacht mobilisierten. Es sind die Routen, in denen die Herausforderungen einer erschreckenden Raumweite, wie sich die Erde den Menschen zunächst darstellt, bewältigt werden und die globalen Raumnahmen und imperialen Hegemonien ihre politischen Formen finden. Nicht nur Carl Schmitt und Ernst Kapp, sondern vor allem die französischen Historiker wie Fernand Braudel, Michel Mollat du Jourdin, Alain Corbin und lange vor ihnen Jules Michelet haben diese elementare Rolle der Meere für die Geschichtswissenschaft entdeckt.[6]

Darum findet die Pathosformel „Navigare necesse est, vivere non est necesse" (Schifffahrt ist notwendig, Leben aber nicht) weite Verbreitung.[7] Sie geht auf die gleichlautende griechische

[5] Humboldt, Alexander von: *Kritische Untersuchung zur historischen Entwicklung der geographischen Kenntnisse von der Neuen Welt und den Fortschritten der nautischen Astronomie im 15. und 16. Jahrhundert.* nach der Übersetzung von Julius Ludwig Ideler hg. von Ottmar Ette. Frankfurt/M. u. Leipzig 2009. – Dazu vgl.: Böhme, Hartmut: *Nach Amerika: Die imaginierte und pluralisierte Antike bei Alexander von Humboldt.* In: Blum, Harald/Fischer, Karsten/Llanque, Marcus. (Hg.): *Ideenpolitik. Geschichtliche Konstellationen und gegenwärtige Konflikte.* Berlin 2011, S. 181–224.

[6] Kapp, Ernst: *Philosophische oder vergleichende allgemeine Erdkunde als wissenschaftliche Darstellung der Erdverhältnisse und des Menschenlebens nach ihrem innern Zusammenhang.* Braunschweig 1845. – Michelet, Jules: *La Mer* (1861). Préface de Jean Borie. Paris 1983. – Schmitt, Carl: *Land und Meer. Eine weltgeschichtliche Betrachtung* (1942). Köln 1981. – Braudel, Fernand/Duby, Georges/Aymard, Maurice: *Die Welt des Mittelmeeres. Zur Geschichte und Geographie kultureller Lebensformen.* Frankfurt am Main 1994. – Mollat du Jourdin, Michel: *Europa und das Meer.* München 1993. – Corbin, Alain: *Meereslust. Das Abendland und die Entdeckung der Küste 1750–1840.* Berlin 1990.

[7] Vgl. Freud: St.A. IX, S. 51 (in „*Zeitgemäßes über Krieg und Tod"*, Teil 2): Der Kontext ist: unsere Verleugnung des Todes hat eine Art Verweich-

Formel „Πλεῖν ἀνάγκη, ζῆν οὐκ ἀνάγκη" zurück. Nach Plutarch (Vitae parallelae, *Pompeius* 50,1) nahm 56 v. Chr. Gnaeus Pompeius Magnus, in Sorge um die Getreideversorgung Roms, mit diesen Worten den Schiffern ihre lähmende Angst vor einem Sturm und ging selbst als erster an Bord. Darin drückt sich ein heroisches Bewusstsein aus, das jene Angst überwindet, die das eigene Leben höher schätzt als den zivilisatorischen Imperativ. Schifffahrt ist eo ipso heroisch, weil sie stets mit Lebensgefahr assoziiert ist. Schifffahrt und Schiffbruch sind deswegen aufs engste verbunden. Keine der alten Techniken ist so unmittelbar dem Tode konfrontiert wie die Fahrt über das unberechenbare Meer. Und darum ist das Schiff, das den Menschen zum Herren der Meere befördert, mit dem Untergang verbunden. Die Not auf dem offenen Wasser ist schon ein antikes und biblisches Motiv. So gibt es, auch in der maritimen Malerei, immer diese beiden Haupttypen von Schiffen zur See: das stolze, integre Schiff, ein Wunderwerk menschlicher Erfindung; – und das in Sturm und Wellengewalt zerschlagene Schiff, das seine Besatzung in einen nassen Tod reißt.[8]

Wasser-Heroen wie Odysseus oder Kolumbus sind so wirkungsmächtig, weil sie symbolische ‚Marker' darstellen für die Ausbildung neuer Eroberungsdynamiken. Warum wurde Europa für einige Jahrhunderte zum Zentrum der Welt? Weil es auf allen Gebieten – von der Wissenschaft bis zur Ökonomie – eine einzigartige Dynamik entwickelte, die ihren konzentrier-

---

lichung der Kultur zur Folge, in der das Leben nicht mehr aufs Spiel gesetzt wird.

[8] Vgl. zum folgenden: Mertens, Sabine: *Seesturm und Schiffbruch. Eine motivgeschichtliche Studie*. Hamburg 1987. – Bracker, Jörgen/North, Michael/Tamm, Peter: *Maler der See. Marinemalerei in dreihundert Jahren*. Herford 1980. – Leek, Michael E.: *The art of nautical illustration. A visual tribute to the achivements of the classic marine illustrators*. London 1991. – *Herren der Meere – Meister der Kunst. Das holländische Seebild im 17. Jahrhundert*. Ausst. Kat., hg. v. Jeroen Giltaij u. Jan Kelch. Rotterdam 1997. – Sitt, Martina/Gaßner, Hubertus (Hg.): *Segeln, was das Zeug hält. Niederländische Gemälde des Goldenen Zeitalters*. Ausst. Kat. Hamburger Kunsthalle. München 2010.

testen Ausdruck auf dem Meer fand. Das Meer war das Medium, in welchem in Konkurrenz wie Gemeinsamkeit sich Europa zuerst konstituierte. Ferner werden Schiff und Seefahrt seit der Antike bis heute als Grundmetapher für den Staat, die Kirche, die Gesellschaft oder die Lebensreise verwendet. Der Schiffbruch spielt als „Daseinsmetapher" (H. Blumenberg)[9] eine durchgehende Rolle. Nichts kann so wie die Schifffahrt den Selbsterhaltungskampf und die Ausgesetztheit des Menschen in endlosen Weiten, den Schmerz der Trennung und das Glück der Rettung, das triumphale Können des ‚großen' Menschen und sein Scheitern sinnlich erfahrbar machen. Natürlich gehören hierher auch die Seehelden, die Seeräuber, die auf Inseln verschlagenen Schiffbrüchigen, die Walfänger, Tiefseefahrer und Polforscher, die heroischen Erzählungen der Flussregulierung und des Deichbaus. Bis weit ins 19. Jahrhundert sind die Schiffsnarrative mit den Mythen von der Entstehung und Ausdehnung der Kultur auf einer wilden Erde und einem wüsten Wasser verbunden. Zugleich aber ist das Meer und der Kampf mit ihm, noch über Faust II und Melvilles Moby Dick hinaus, eine Schule der heroischen Männlichkeit.[10]

Carl Schmitt unterscheidet terrestrische von marinen Kulturen und stellt fest, dass die historische Dynamik von solchen Gesellschaften bestimmt wurde, die eine Wasserkultur entwickelt hätten. Trotz der Einwände von Platon gegen die Schifffahrt (Nomoi 823d-e) oder der Skepsis von Lukrez (de rer. nat. V, 999–1006, 1430–35, 1226–40) gilt dies schon für die Antike: man denke an die Phönizier oder Karthager, an die maritime Expansion der Perser und erinnere sich, dass der Aufstieg der Athener Demokratie daran gebunden war, dass Athen eine hocheffiziente Thalassokratie entwickelte. Auch Roms langer Weg zum Meer ist identisch mit seinem Aufstieg zum Mittelmeer-Imperium. In der strategischen Bemeisterung der

---

[9] Blumenberg, Hans: *Schiffbruch mit Zuschauer. Paradigma einer Daseinsmetapher.* Frankfurt am Main 1979.
[10] Seiderer, Ute: *Flusspoeten und Ozeansucher. Konstruktionen von Kultur und Männlichkeit.* Würzburg 2007.

meerischen Dimension vollzieht sich eine Raumrevolution, die erst im kolumbianischen Zeitalter mit der ozeanischen Herausforderung und mit der Entstehung der modernen Staaten eine neue Stufe erreicht. Europa wurde auf dem Meer geboren, zuerst in zwei unabhängigen seeischen Sphären, dem Mittelmeer und den nordischen Meeren, dann vor allem aber durch die verstetigte Verbindung des Mittelmeers mit dem Atlantik, schon lange vor den Transatlantik-Passagen. Staatliche Macht, militärische Überlegenheit, technischer Vorsprung und handelskapitalistischer Reichtum werden auf dem Meer ermittelt. Und darum ist das aquatische Element das Medium der kulturellen Entwicklung (bis ins 19. Jahrhundert).

So ist die Menschheit nicht nur prometheisch, sondern auch post-noahitisch: Noah, als Erfinder des Schiffs, ist der Kulturheros, welcher der Menschheit nach der Sintflut eine zweite Chance eröffnet. An der Todesflut wird archetypisch demonstriert, dass das Überleben der Gattung Mensch durch die Gewalten der Natur gefährdet ist. Unter diesen Bedingungen wird Noah, wie sein griechischer Bruder Deukalion, zum Kulturstifter. Man versteht nun besser, warum Jesus bei nächtlichem Sturm für seine verängstigten Jünger zum paradigmatischen Retter wird, der Wind und Wellen beruhigt (Matth 8, 23-27; Luk 8, 22-25; Mark 4, 35-41) oder der, auf dem Wasser wandelnd, den ertrinkenden Petrus errettet (Matth 14, 22-33; Mark 6, 45-52; Joh 6, 15-21): Jesus *ist* das wiederholte Versprechen Gottes dafür, dass es keine Sintflut mehr geben wird; er *ist* der Retter, der das Schiff seiner Kirche durch die Fährnisse der stürmischen See der Geschichte geleitet; er *ist* der Erlöser, der aus der Todesflut, die unser Leben ist, errettet. Nicht nur fürs Christentum gilt: Religion ist ein grandioses postkatastrophisches Narrativ.

Wo Seemacht und Seehandel die Motoren der historischen Evolution sind, werden das Risiko des Untergangs, die Angst vor dem Scheitern und die Faszination der Rettung zu grundlegenden Topoi der Kultur. Darum ist Odysseus eine Grundfigur thalassokratischer Kulturen, gerade Odysseus, der immer wieder am Meer scheitert.

Der Schiffbruch ist dieser Kulturstufe genauso immanent wie der technische Unfall der modernen Industriekultur.[11] Nur deswegen konnte, wie Blumenberg zeigte, der „Schiffbruch mit Zuschauer zum Modell der *theoria*-Position des Philosophen werden. „Der Schiffbruch als überstandener betrachtet, ist die Figur einer philosophischen Ausgangsbetrachtung."[12] Die Reflexion der Weltdesaster ist nur möglich aus eine Lage gesicherter Distanz. Denn: „Unter den elementaren Realitäten, mit denen es der Mensch zu tun hat, ist ihm die des Meers – zumindest bis zur späten Eroberung der Luft – die am wenigsten geheure"[13], – d. h. das Meer ist unheimlich in dem doppelten Sinn: es löst den Schauder einer beängstigenden Fremdheit ebenso aus, wie es die Begegnung eröffnet mit dem Heimlichen, dem zuinnerst Eigenen, nämlich dem Begehren nach dem Meer, das seit den ersten Thalassokratien so sehr zur Kultur gehört wie das Blut zum Körper. (Abb. 2)

In dem wilden Gebrodel der Elemente teilt sich ein Ungeheures mit, das den winzigen Menschen niederschlägt. Das ist der klassische Affekt des Erhabenen, das ästhetisch nur geschätzt werden kann aus der Position eines Betrachters, der sich gesichert weiß, während den Betroffenen nur Todesangst und das Zufallsglück einer unsicheren Rettung bleibt. (Abb. 3)

---

[11] Wolf, Burkhardt: *Schiffbruch mit Beobachter.* In: Kassung, Christian (Hg.): *Die Unordnung der Dinge. Eine Wissens- und Mediengeschichte des Unfalls.* Bielefeld 2007, S. 19–48. – Vgl. das Themenheft: Koch, Lars/ Petersen, Christer/Vogl, Joseph (Hg.): Störfälle. Zeitschrift für Kulturwissenschaften 2 (2011).

[12] Blumenberg, wie Anm. 9, S. 15.

[13] Ebd. S. 9.

Abb. 2: Jacob Bellevois, Schiffbruch im Sturm, um 1664. Öl auf Holz, 100 x 149 cm. Den Haag, Kunsthandel Hoogsteder & Hoogsteder.

Abb. 3: Iwan Konstantinowitsch Aiwasowski: Nordseesturm, 1865. Öl auf Leinwand, 267 x 196 cm. Aiwasowski Galerie, Feodossija.

Abb. 4: Iwan Konstantinowitsch Aiwasowski: Regenbogen, 1873. Öl auf Leinwand, 102 x 132 cm. Tretyakov Galerie, Moskau.

Abb. 5: Iwan Konstantinowitsch Aiwasowski: Die Erschaffung der Welt, 1864. Öl auf Leinwand, 196 x 233 cm. Staatliches Russisches Museum, St. Petersburg

Abb. 6: Iwan Konstantinowitsch Aiwasowski: Die neunte Woge, 1850. Öl auf Leinwand, 221 x 332 cm. Staatliches Russisches Museum, St. Petersburg.

In den Gemälden des wichtigsten maritimen Malers des 19. Jahrhunderts, Iwan Aiwazowski,[14] aber ist oft der Betrachter-standpunkt unbestimmt und imaginär, zwar distanziert, doch der visuellen Wucht des Geschehens ausgesetzt und zwischen einfühlender Angst und dem Pathos erhabener Grandiosität pendelnd. Es ist gerade kein gesicherter Standort. Der Betrachter, konfrontiert mit der elementaren Gewalt, hat keinen prinzipiellen Schutz davor, ästhetisch ins aufgepeitschte Wasser gezogen zu werden. Dies gilt etwa auch für die Gemälde „Nordseesturm" (1865) und den „Regenbogen" (1876) (Abb. 4 u. 5). Dadurch entsteht ein dimensionsloser Raum; dieser ist Aiwazowskis Pointe. Die aufgewühlten Elemente bilden eine Welt ohne Differenzen: das ursprüngliche Chaos, das Tohuwa-

[14] Vgl. zum folgenden Sugrobova, Olga: *Iwan Konstantinowitsch Aiwazovsky. Der russische Marinemaler.* München 2000. – Nowouspenski, Niko-lai: *Iwan Aiwazovski. Maler des Meeres*; St. Petersburg o. A. – Brugger, Ingrid/Kreil, Lisa (Hg.): *Aiwazovski. Maler des Meeres.* Ausst. Kat. Wien 2011. – Böhme, Hartmut: *Traditionen und Formen der aquatischen Ästhetik in der Kunst Iwan Aiwazowskis.* In: ebd. S. 15–35.

bohu. Das erregte Fluid in seinen beiden Aggregaten: Wolke und Wasser beherrscht das Bild vollständig.

Ähnlich in der Aussage ist das Gemälde „Die neunte Welle" (Abb. 6). Hier sind im Vordergrund des Bildes sechs Schiffbrüchige an einen Mast geklammert, verzweifelt um ihr Leben kämpfend. In diesen Mast hat Aiwazowski seine Signatur gekerbt, Beglaubigung einer unwirklichen Zeugenschaft, die nur der Kunst möglich ist. Die legendäre neunte Welle wird die Seeleute in den Tod reißen. Über den Wassern, verhüllt in brodelnde Wolken, geht die Sonne unter. Sie bringt die Wolken zum Glühen und verwandelt die tödlichen Wellen in gleißenden Schein. Es scheint, als träte dem tödlichen Wasser das Feuer nicht entgeg, sondern verstärkend hinzu. Visuell wirkt es so, als bräche aus den Wellenbergen ein Vulkan aus. Ekpyrosis und Kataklysmos fallen zusammen. Die Schiffbrüchigen sind Todgeweihte. Keine Rettung, nirgends. Kein Gott, nirgends. Kein Zeichen am Himmel. Kein Horizont, an dem ein Schiff, einem Hoffnungsschimmer gleich, sich zeigen würde.

Der gesamte Bildraum ist erfüllt von der Urgewalt von Wasser und Wind auf hoher See. Schöpfung war *opus disiunctionis*, die Schaffung stabiler Differenzen und Grenzen: hier aber *ist* das Ununterschiedene und Grenzenlose. Dies ist das Übermenschliche. Kultur hat die Aufgabe, das Unendliche in die Sphären des Endlichen und deshalb Verständlichen zu übersetzen. Der Abyssos der Materie, in den Mensch und Menschenwerk hineingerissen werden, ist der absolute Gegensatz zur Kultur. Der Raum löst sich auf. Schaumkronen, fliegende Gischt suggerieren die Geschwindigkeit der Wasserbewegung, übertroffen nur vom Sturm, der von den Wellenkämmen Wasserfetzen hinweg reißt, als wolle er Luft und Wasser vermählen. In diesem *hieros gamos* der Elemente wird nicht eine Weltordnung kreiert, sondern das Chaos vor der Schöpfung kehrt zurück. Dies ist eine Welt ohne Platz für den Menschen. Die Welt, auf der wir leben, kennt also eine absolut menschenfeindliche Seite. Das Hölderlinsche „Wo aber Gefahr ist, wächst

/ das Rettende auch" (in der Hymne „Patmos") gilt hier nicht.
Dann setzt die Katastrophe ein.

4. Wasser-Katastrophen und kulturelle Selbstbehauptung

Wir erinnern uns an die Oder-Flut 1997, der die Elb-Über-
schwemmungen 2002 folgten. Die Bilder der Tsunami-Katastrophe 2004 und der Überschwemmung von New Orleans 2005
haben sich uns eingebrannt ebenso wie die Bilder vom Erdbeben
in Haiti oder der Überschwemmung in Pakistan 2010. Im Januar
2011 wurde Queensland/Australien von Regenfluten heimgesucht. Im März folgten dann die konsekutiven Katastrophen von
Seebeben, Tsunami und der Atom-Gau in Japan. Immer wieder
macht man dabei die Erfahrung, dass Worte und Bilder an die
Wucht des Schreckens und das Leiden der Betroffenen nicht
heranreichen.

Denn die Gefühle, die man als medialer Betrachter von Naturkatastrophen empfindet, sind aus weiter Ferne – obwohl man
visuell den Menschen in Indonesien, Thailand, Pakistan oder
Haiti so nah gerückt ist wie nie zuvor. Man mag das infrage-
stellen, als Medieneffekt, als Voyeurismus, als ein Mitleid, das
nur die andere Seite unseres Zynismus den armen Ländern
gegenüber ist, welche die vermeintlichen Paradiese unserer tou-
ristischen Träume sind. Aber es gab angesichts des Leids anderer, deren Zuschauer wir waren, zunächst nichts anderes als unsere Gefühle. Wie in mythischen Zeiten waren wir der zer-
störerischen Wucht des Wassers oder der Erde ausgesetzt, oder
beider zusammen, wie dies in Japan der Fall war. Doch histo-
risch gesehen, sind Seebeben und Tsunamis schon öfters zu
Mega-Katastrophen eskaliert; man denke nur an Lissabon 1755
oder den Untergang der mykenisch-minoischen Kultur.

Wir erinnern uns der zivilen Hilfsbereitschaft, die jedes Mal
schnell und global einsetzte – und niemals genügte. Dennoch
gab es 2004 bei der Tsunami-Katastrophe neue Zeichen: es gibt
sehr viele Menschen überall auf der Welt, die nicht nur global
denken, sondern auch empfinden können. Fernempfindungen,

Anteilnahme und Solidarität über Kontinente, kulturelle und religiöse Grenzen hinweg, ein Vorstellungsvermögen, das nicht mehr an die Raumordnungen von Nachbarschaften, Ethnien oder Nationen gebunden ist: dies sind Momente dessen, was man das kulturelle Kapital der Globalisierung nennen darf.[15] Es stellt nicht selbst schon eine universale Ethik dar, wohl aber deren emotionales Fundament. Denn jede Ethik ist mehr als ein Codex legitimer Normen. Ethiken bedürfen stets der *moral senses*, der Gefühle für das moralisch Angemessene. In einer Weltkultur brauchen wir mehr als Nächstenliebe und formale Achtung. Nötig ist vielmehr die Fähigkeit, sich vom Fernsten berühren zu lassen und die Angst des nackten Lebens empfinden zu können. Zivile Hilfsbereitschaft ist die praktische Folge dieser Elementarempfindung des Ethischen, die dann organisierte und politische Form annehmen kann.

Daraus erwachsen Sekundärpflichten. Zum einen geht es darum, diese Hilfsbereitschaft nachhaltig werden zu lassen. Das ist eine Aufgabe der Politik und der Medien, aber ebenso der Erzieher und Eltern, der Kirchen und Organisationen. Zum anderen aber handelt es sich um eine selbstreflexive Wende der Katastrophe, die nicht unsere, sondern die ,der anderen' ist. Der Tsunami, ebenso wie die Erdbeben im Iran oder in Pakistan, die Hungerkatastrophen oder AIDS in Afrika, trafen arme Länder. Das war in Japan 1995 und 2011 anders, weil hier ein hochtechnisiertes Land seine Vulnerabilität erfahren musste, ähnlich wie die USA durch den Wirbelsturm Katrina 2005. Heute müssen *wir* uns fragen: Ist die Globalisierung mitursächlich für die Form und das Maß der Verheerungen, die durch Naturgewalten ausgelöst werden? Ursächlich auch für die sozialen und ökonomischen Desaster, von denen wir jeden Tag hören?[16] Wie immer die Antworten differieren mögen, im Kern

---

[15] Jeremy Rifkin: *Die empathische Zivilisation. Wege zu einem globalen Bewusstsein.* Frankfurt am Main, New York 2010.
[16] Clausen, Lars u.a. (Hg.): *Entsetzliche soziale Prozesse. Theorie und Empirie der Katastrophe.* Münster, Hamburg, London 2003. – Dombrowsky, Wolf R./Pasero, Ursula (Hg.): *Wissenschaft – Literatur – Katastrophe.*

geht es um die Frage, welches die Kultur ist, die aus den Katastrophen hervorgeht. Denn man sagt nicht zuviel, wenn man behauptet: alle Kultur ist post-katastrophisch. Durch die Geschichte der Katastrophen haben die Kulturen ihre Selbstbehauptungskräfte erst entwickelt.

Daraus entsteht eine weitere reflexive Wendung: Flut-Desaster nennen wir eine Naturkatastrophe. Die Natur indes kennt keine Katastrophen. Was immer auch geschehen mag – Erdbeben, Vulkanausbrüche, Sintfluten –: es sind zwar statistisch seltene Phänomene, immer aber solche der Ordnung der Natur. Diese Natur aber enthält keinen Sinn, sie ist kein Idyll, kein Paradies, kein Heilsversprechen. Wie man früher sagte, dass es derselbe Gott ist, der gibt und der nimmt, so ist es dieselbe Natur, die das Leben hervorbringt und auslöscht. Diese Kontingenz gehört zur *condition humaine* der Moderne. Wir haben Mitmenschen, aber keine Mit-Natur. Kultur ist nichts anderes, als zwischen dem empfindlichen Gebilde unseres Überlebens und einer gewaltigen Natur Grenzen zu ziehen. Aber auch: Allianzen zu bilden, wie wir dies zum Zwecke des Nahrungserwerbs seit jeher tun: *wir* arbeiten, damit *es* wächst und gedeiht. – Katastrophen sind nun solche Ereignisse, in denen die Natur ihre kulturabgewandte Seite hervorkehrt. Dann brechen die Grenzen zusammen und der Tod hält seine Ernte. Katastrophen sind kollektive Ereignisse radikalen Distanzverlusts, worin sich keine Botschaft und kein Sinn mitteilen.

Kultur benötigt ein umsichtiges Verhalten zur Natur, die zwar Leben erzeugt, nicht aber Kultur. Innerhalb der ringsum toten Weltsphäre ist das Leben von äußerster Seltenheit. Kultur ist in ihr nicht vorgesehen. Das macht die Empfindlichkeit der Kultur in der Welt aus. Kultur erhalten zu wollen heißt darum, alle Klugheit darauf zu verwenden, ein Auskommen mit und gegen die Natur zu finden. Konsequenzen aus Katastrophen zu ziehen, muss darum auch heißen, die Kulturen besser auf die

Festschrift für Lars Clausen. Opladen 1995. – Zwingmann, Charles (Hg.): *Katastrophenreaktionen*. Frankfurt am Main 1971.

natürlichen Bedingungen einzustellen und klügere Techniken der kulturellen Reproduktion zu entwickeln.

Katastrophen sind Zusammenbrüche kultureller Barrieren. Über Abgrenzungsmechanismen zu verfügen, ist eine Grundvoraussetzung kultureller Selbsterhaltung. Das führt auf die dritte Ebene einer Selbstreflexion der Sintfluten. Sprache ist eine unvergleichbare Erfindung, um zwischen uns und die andrängende Macht der Dinge eine Zwischenschicht einzuziehen, die uns Erinnerung, Planung, Probehandeln, gemeinsames Verabreden, und das ‚Dahinstellen' der Dinge und Sachverhalte erlaubt. Auch das Vermögen, uns ‚Bilder' zu machen, dient diesem Ziel: sie stellen uns ‚Dinge' vor Augen, ohne dass sie uns materiell berühren; und damit erlauben Bilder die Distanzierung und Reflexion der Dinge in ihrem mächtigen Andrang. Über Dinge sprechen zu können und uns Bilder von ihnen zu machen, ist eine einzigartige kulturelle Kompetenz, um unseren Bestand zu sichern und unseren Handlungskreis zu vergrößern.

Flutkatastrophen sind paradigmatische Ereignisse dafür, dass wir sprachlos und bilderlos werden können – inmitten einer Flut von Bildern und Kommentaren. Es ist, als stürzten wir auf den sprach- und bildlosen Urgrund unserer Kultur zurück: das Chaos und das Tohuwabohu. Jüdische Bibel wie griechische Philosophie haben dieses vorkulturelle Chaos mit dem Wasser verbunden.

Ein mythisches Ereignis wie die Sintflut oder die realen Tsunamis 2004 und 2011, aber auch die Fluten, die sich durch Regenmassen aufbauen wie in Pakistan 2010 bezeichnen das Undarstellbare und das Bildlose schlechthin. Was jenseits der Sprache und des Bildes steht, ist das Transhumane. Mit diesem Außermenschlichen sind wir immer wieder konfrontiert. Dies berührt einen letzten Punkt des kulturellen Existierens in der Welt: auch wir Heutigen, geschützt durch die Errungenschaften der technischen Kultur, bleiben konfrontiert mit den Mächten der Natur, die sprach- und bilderlos sind und machen. Das gilt auch trotz der Omnipräsenz der Medien, die in Wort und Bild stets synchron zu den Ereignissen berichten: nicht erst Japan im

März 2011 hat uns indes gelehrt, dass die Medien, die pausenlos Bilder und Worte produzierten, auf eine merkwürdige Weise bild- und sprachlos angesichts der Wucht des Ereignisses blieben.

5. Wasser, Kultur und das katastrophale Paradox

Das Wasser ist ungeheuer. Es ist unser Lebensstoff; doch auch derjenige der Tiere und Pflanzen. Darum nannte der griechische Philosoph Thales das Wasser den „Urgrund", aus dem alles wird und vergeht.[17] Der Welt-Wasserkreislauf, das System der Meeresströmungen, des Wasseraustausches zwischen den Ozeanen und dem Land durch den Lufttransport der Wolken sowie die Rückkehr alles Fließenden zum Meer: dies ist eine Energiemaschine, gegen die alle menschliche Technik schwindet. Auf der Sonneneinstrahlung, dem Wasserkreislauf und dem Regime der Winde beruht das Klima, von dem das organische Leben abhängt.[18]

Es gehört zu den großen Leistungen, dass die Menschen das Wasser und die elementaren Kreisläufe vielfältig zu nutzen lernten. An Flüssen entstanden die ersten Hochkulturen. Keine Stadtgründung ohne primäre Wasserversorgung. Keine Agrikultur ohne Regale des Wasserhaushaltes, sei es durch Bewässerungen von Trockengebieten (Ägypten), sei es durch Überschwemmungsschutz und Wasserabzug in hydriden Regionen (Holland/Schweiz!). Eine große Bedeutung haben Flüsse und Meere für die Entstehung von Fernhandel und Kulturaustausch oder für die

---

[17] Vgl. dazu Böhme, Hartmut: *Umriß einer Kulturgeschichte des Wassers. Eine Einleitung.* In: ders. (Hg.): *Kulturgeschichte des Wassers.* Frankfurt am Main 1988, S. 7–47.

[18] Dienes, Gerhard M./Leitgeb, Franz (Hg.): *Wasser. Ein Versuch.* Graz 1990. – Kunst- und Ausstellungshalle der Bundesrepublik (Hg.): *Wasser.* Köln 2000. – Ball, Philip: *H₂0. Biographie des Wassers.* München 2001. – Kluge, Thomas: *Wasser und Gesellschaft. Von der hydraulischen Maschinerie zur nachhaltigen Entwicklung.* Opladen 2000.

Bildung von Imperien. *Erst der Mensch, der sich vom Land zu lösen vermag, betritt recht eigentlich den Globus.*[19]

Das Verderben, das durch Wasser über uns kommen kann, haben wir im letzten Jahrzehnt immer wieder erfahren. Nichts reißt so sehr aus dem Kontinuum der Zeit heraus wie die Katastrophe. Sie ist die Erfahrung einer Übermacht, die alle Grenzsicherungen der Zivilisation durchschlägt und mit unwiderstehlicher Wucht uns in dem trifft, was uns in reine Gegenwart bannt: das ist Angst.[20] In ihr wird das Wasser zum Feind, gegen den wir zuerst unser Leben und sodann Hab und Gut verteidigen. Auch dies ist eine kulturelle Universalie. Kultur ist im allgemeinsten ein System von Abwehrmechanismen zur Bildung eines Binnenraumes, der vor Katastrophen schützen soll und allererst humane Evolution erlaubt. Wo immer wir der Natur, also Wind und Wetter, Wasser und Feuer, Kälte und Hitze schutzlos ausgesetzt sind, bleiben wir an ein rudimentäres Niveau kultureller Reproduktion gefesselt. Alle Kulturen haben darum versucht, die Grenzen dieses verfriedlichten Binnenraumes zu erweitern und zu verstetigen. Kultur ist zuerst ein materielles Sicherungssystem. Es erzeugt verlässliche Ordnungen, stabile Sozialbeziehungen und Zukunftsvertrauen. All dies wird durch Katastrophen zerschlagen. Gerade darum ist es – wir erleben es jedes Jahr erneut – so wichtig, wenn in der Katastrophe besonnenes Krisenmanagement, sorgsames Vorbereitung auf den unwahrscheinlichsten Fall und helfende Solidarität die sozialen Bindekräfte nicht vollends kollabieren lassen. Katastrophen schlagen leicht in gesellschaftlichen Barbarismus um. Insofern sind Katastrophen immer auch Bewährungsproben für

---

[19] Das gilt nicht nur technisch, sondern auch ästhetisch. Vgl. Goodbody, Axel u. Wanning, Berbeli (Hg.) *Wasser – Kultur – Ökologie. Beiträge zum Wandel im Umgang mit dem Wasser und zu seiner literarischen Imagination.* Göttingen 2008. – Kastberger, Klaus (Hg.): *Wasser Sprachen. Flüssigtexte aus Österreich.* Ausstellungskatalog Linz 2006.

[20] Vgl. Böhme, Hartmut: *Vom Phobos zur Angst. Zur Begriffs- und Transformationsgeschichte der Angst.* In: Harbsmeier, Michael/Möckel, Sebastian (Hg.): *Pathos, Affekt, Emotion. Transformationen der Antike.* Frankfurt am Main 2009, S. 154–184.

die politische Führung sowie für die symbolische Ordnung und die Bindekraft einer Gesellschaft. Diese kann nur überleben, wenn sie über die Fähigkeit zur Solidargemeinschaft verfügt. Sonst dissoziiert sie im Wirbel der Katastrophe wie die Dinge im Strudel der Wasser versinken.

Seit alters wurde im mitteleuropäischen Flusssystem vieles unternommen, um dem periodischen Ansturm der Fluten zu trotzen oder der Unwirtlichkeit des Elements Räume des Anbaus und Wege des Verkehrs abzugewinnen. Seit Jahrhunderten sollen Dämme, Deiche und Wehre vor den meist frühjährlichen Hochwassern schützen. Die mäandernden Verläufe wurden begradigt, Auen und Brüche in Ackerland verwandelt. Die Flüsse wurden als Handels- und Transportwege ausgebaut, zur geregelten Bewässerung genutzt, zwecks Energiegewinnung oder Trinkwasserversorgung in Talsperren eingefangen, als Territorialgrenzen gesetzt bzw. umgekehrt zum Zweck des Verkehrs von Brücken überspannt. So haben sich vor allem die großen Städte in unmittelbarer Nachbarschaft zu den Flüssen bilden können. Bis heute hängt die gesellschaftliche, aber auch die industrielle Entwicklung von einem klugen Wasser-Regime ab.[21]

Doch wird dadurch die Ambivalenz des Wassers nicht aufgehoben. Seine zerstörerische Potenz demonstriert immer wieder die Verletzlichkeit der kulturellen Einrichtungen. Wir wissen, dass Stark- oder Dauerregen (wie in 2002) oder Schneeschmelze und Eisgang immer wieder zu Hochwassern führten, mit katastrophalen Folgen für Menschen, Vieh, Äcker, Brücken, Häuser, Sachwerte. Aus der Epoche der kleinen Eiszeit (1550–1850) sind viele Berichte über verheerende Überschwemmungen bekannt. Wir kennen für das letzte Jahrtausend die gleitenden Minima und Maxima, die periodischen Häufungen und aperiodischen Spitzenwerte des Hochwassers im deutschen Flusssystem. Wenn wir eine Katastrophe wie die Elb-Flut 2002 ein „Jahrhun-

---

[21] Föhl, Axel: *Industriegeschichte des Wassers.* Düsseldorf 1985. – Parodi, Oliver: *Technik am Fluss. Philosophische und kulturwissenschaftliche Betrachtungen zum Wasserbau als kulturelle Unternehmung.* München 2008.

dertereignis" nennen, so ist dieses nicht singulär (anders als das Seebeben mit der Konsekutiv-Katastrophe in Japan 2011). Klimahistoriker wie R. Glaser sprechen hinsichtlich des Hochwassers von 1342 von einem hydrologischen Super-Gau. 1595 überrollte eine frühjährliche Hochwasser-Sequenz den Nürnberger Raum. Das Michaelis-Hochwasser von 1732 zerstörte weite Teile Frankens. 1784 folgte die größte Flutwellen-Katastrophe Mitteleuropas in jüngerer Geschichte.[22]

In einer säkularisierten Gesellschaft wie der unsrigen können solche Ereignisse weder als göttliche Strafgerichte noch als dunkle Schicksalsschläge verarbeitet werden.[23] Wir wissen zu viel und können zu wenig. Wir wissen oft bis ins Detail, wie es zu einer Wetter-Singularität wie im August 2002 hat kommen können. Darin spricht keine göttliche Botschaft, sondern die Kontingenz von Natur, die in Grenzlagen, wo Natur und Kultur kollidieren, sich ins Unberechenbare und Unsteuerbare auflöst. Dann erinnern wir uns einer anderen 'Botschaft': dass nämlich alle Kultur, so autark sie sich stilisieren und so imposant sie sich aufrichten mag, von Natur abhängig und gefährdet bleibt. Die

---

[22] Zur kulturkonstitutiven Bedeutung von Klima und Wetter auf die menschliche Zivilisation vgl. Lamb, Hubert H.: *Klima und Kulturgeschichte. Der Einfluss des Wetters auf den Gang der Geschichte.* Reinbek bei Hamburg 1989. – Fagan, Brian: *Die Macht des Wetters. Wie Klima die Geschichte verändert.* Düsseldorf 2001. – Glaser, Rüdiger: *Klimageschichte Mitteleuropas. 1000 Jahre Wetter, Klima, Katastrophen.* Darmstadt 2001, S. 183–208.

[23] Wie dies bei historischen Naturkatastrophen (aber auch bei Epidemien, z. B. der Pest) öfters, selbst noch in der Zeit der Aufklärung geschieht: Borst, Arno: *Das Erdbeben von 1348. Ein historischer Beitrag zur Katastrophenforschung.* In: Historische Zeitschrift 233 (1981), S. 529–569. – Bourke, Thomas E.: *Vorsehung und Katastrophe. Voltaires Pòeme sur le désastre de Lisbonne und Kleists Erdbeben in Chili.* In: Richter, K./ Schönert, J. (Hg.): *Klassik und Moderne.* Stuttgart 1983, S. 228–253. – Breidert, Wolfgang (Hg.): *Die Erschütterung der vollkommenen Welt. Die Wirkung des Erdbebens von Lissabon im Spiegel europäischer Zeitgenossen.* Darmstadt 1994. – Lauer, Gerhard/Unger, Thorsten (Hg.): *Das Erdbeben von Lissabon und der Katastrophendiskurs im 18. Jahrhundert.* Göttingen 2008.

Versicherungsanstalt ‚Kultur' ist selbst kontingent, endlich, hinfällig. Davor gibt es keinen absoluten Schutz.

Heute kommt ein weiteres hinzu. Die Eingriffe ins Klima und in die Landschaftsmorphologie werden selbst zu Faktoren von Katastrophen. Wir haben gelernt, dass kulturelle Selbstbehauptung *immer auch die Gefahren vergrößert, vor denen sie schützen soll.* Dieser Dialektik ist nicht zu entkommen. Zu ihr gehört auch, dass es einen fatalen Zusammenhang zwischen zivilisatorischer Dichte und der Intensität von Katastrophen gibt. Je kompakter die Besetzung natürlicher Räume durch Einrichtungen der Zivilisation ist, umso schwerwiegender sind die Auswirkungen katastrophaler Singularitäten. Wir haben es mit einem neuen ‚*katastrophalen Paradox'* zu tun: die 'Angriffe' auf die *Grenzen* des humanisierten Raums haben ihren Ursprung immer mehr im *Zentrum* der Kultur selbst. Die in anthropogenen wie natürlichen Faktoren begründeten Katastrophen sind in ähnlicher Weise Explosionen unkalkulierbarer Gewalt wie die terroristischen Anschläge aus dem ‚schlafenden' Untergrund unserer bestens überwachten Gesellschaften (wie gerade in Norwegen zu sehen war). Beides skandalisiert unser Sicherheitsbedürfnis, unsere Sensationsgier und unsere Angst. Es erinnert an die wachsende Verletzlichkeit unserer Gesellschaft, die Menschen, Sachwerte und hochrangige Symbole immer dichter zusammenpackt und dadurch ihre Vulnerabilität erhöht (dies war auch an 9/11 zu lernen). Der dritte Schritt hinter dem Entsetzen und dem ersten ‚Aufräumen', der Kalkulation der Kosten und dem Wiederaufbau muss die Diskussion über die Werte sein, durch welche Gesellschaften sich identifizieren, zusammenbinden und erhalten – und vor allem: eine Diskussion über den Ort, den die Kultur in der natürlichen Ordnung des Globus einnimmt und wie sie beides, Kultur und Natur, nachhaltig zu sichern beabsichtigt.

Die globale verkehrstechnische Erschließung des Wassers ebenso wie seine globale Militarisierung und Verrechtlichung, schließlich die Einschaltung des gesamten technosozialen Kreislaufs in den Kreislauf des Wassers haben gegenüber der alten mythischen Elementarität des Wassers eine *sekundäre Elementarität* geschaffen: das Wasser ist einer der Schauplätze, auf denen die Folgen der technischen Umarbeitung der Erde aufgeführt werden. Weil das Wasser keine Grenzen kennt; weil es sich nicht nur in einem komplexen Weltkreislauf bewegt, sondern auch die Körper aller Menschen sowie die Körper der Gesellschaften, der Häuser und Fabriken, der Städte und Dörfer durchströmt und weil dieser anthropogene Kreislauf in den natürlichen Kreislauf des Wassers eingeschlossen ist und ihn zugleich verändert, ist es im unmittelbaren Interesse der Kulturen, zu einer weltweiten Ordnung des Wassers zu kommen. Diese sollte nicht nur eine komplexe Ökologie sein, sondern sie hätte Gesellschaft, Politik, Recht, Kultur und Künste einzuschließen. An dieser, alle Dimensionen der Gesellschaft durchdringenden Hydro-Ökologie wird das Wasser als unendliches Medium erkennbar; es fundiert nicht nur die menschliche Kultur, sondern den biotischen Kosmos.

So hat schon Tschuang-Tse um 300 v.Chr. den Herren des Meeres sagen lassen: „Ausdehnung kennt keine Grenzen; Zeit kein Stillstehn; Schicksal kennt kein Gleichmaß; Werden kennt keine Sicherheit."[24] Die Hochwasser von der Sintflut bis zu Japan 2011 haben es gelehrt.

Abbildungsverzeichnis:

1. Naturkatastrophen 2011. Quelle: © SZ-Graphik: http://www.sueddeutsche.de/wirtschaft/munich-re-rechnet-vor-so-teuer-war-das-katastrohenjahr-1.1250975.
2. Jacob Bellevois, Schiffbruch im Sturm, um 1664. Öl auf Holz, 100 x 149 cm. Den Haag, Kunsthandel Hoogsteder & Hoogsteder.

---

[24] Tschuang-Tse: *Der Geist des Meeres und der Flußgeist*. In: Seiderer, Ute (Hg.): *Panta rhei. Der Fluß und seine Bilder*. Leipzig 1999, S. 20–23, hier: S. 21.

3. Iwan Konstantinowitsch Aiwasowski: Nordseesturm, 1865. Öl auf Leinwand, 267 x 196 cm. Aiwasowski Galerie, Feodossija.

4. Iwan Konstantinowitsch Aiwasowski: Regenbogen, 1873. Öl auf Leinwand, 102 x 132 cm. Tretyakov Galerie, Moskau.

5. Iwan Konstantinowitsch Aiwasowski: Die Erschaffung der Welt, 1864. Öl auf Leinwand, 196 x 233 cm. Staatliches Russisches Museum, St. Petersburg.

6. Iwan Konstantinowitsch Aiwasowski: Die neunte Woge, 1850. Öl auf Leinwand, 221 x 332 cm. Staatliches Russisches Museum, St. Petersburg.

HERMANN-JOSEF TENHAGEN

Wirtschaftliche Folgen von Katastrophen

Sehr geehrte Damen und Herren, ich wünsche Ihnen einen schönen guten Abend und bedanke mich herzlich bei der Universität Heidelberg für die Einladung, auch im Namen meiner Kollegen von der Stiftung Warentest.

Ich bin eingeladen worden, um über die wirtschaftlichen Folgen von Katastrophen zu Ihnen zu sprechen, aber zunächst möchte ich kurz erläutern, was die Stiftung Warentest eigentlich ist. Häufig treffe ich Menschen, die glauben, dass die Stiftung Warentest eine Behörde ist oder zumindest wie eine Behörde strukturiert ist. Doch das ist nicht der Fall. Sie ist eine Stiftung, wie der Name schon sagt, die 1964 vom Deutschen Bundestag gegründet wurde. Doch schon damals waren Politiker nicht unfehlbar: Die Stiftung wurde gegründet und das Stiftungskapital hat man vergessen.

Im Nachhinein hat sich jedoch herausgestellt, dass das eine sehr zukunftsweisende Entscheidung war, denn es führte dazu, dass wir uns ständig überlegen müssen, woher wir das Geld für unsere Arbeit bekommen. So wurde zuerst die Zeitschrift *test* gegründet und 1991 die Zeitschrift *Finanztest*; heute beträgt der Jahresetat der Stiftung Warentest etwa 50 Millionen Euro und etwa 40 Millionen davon werden über unsere Publikationen selbst erwirtschaftet. Einige Millionen stammen aus dem Stiftungsvermögen, das wir über die Jahre erarbeitet und eingesammelt haben. Und jährlich gibt es vom Bund 5 Millionen Euro Förderung dazu. In dieser Größenordnung wirtschaften wir jedes Jahr.

Die Stiftung Warentest hat mit ihren 290 Mitarbeitern laut einer Umfrage teilweise einen höheren Bekanntheitsgrad als die Bundeskanzlerin; was die Glaubwürdigkeit angeht, sogar vor dem Papst.

Für meine Zeitschrift *Finanztest* sind zwei Teams damit beschäftigt, die wesentlichen Fragen des Finanzmarktes für die Verbraucher aufzuarbeiten. Dabei beschäftigt sich ein Team mit Finanzen, Krediten und Bankwirtschaft und das zweite mit Versicherungen und rechtlichen Grundfragen.

Wir verkaufen 245 000 Exemplare unserer Zeitschrift, davon 45 000 am Kiosk. Da ist ein Mehrfaches dessen, was zum Beispiel *Capital* oder *Focus Money* verkaufen. Wir leben ausschließlich vom Verkauf der Hefte, es gibt keine Anzeigen, denn wir können nicht Produkte testen und gleichzeitig bei den Herstellern um Anzeigen werben.

Katastrophe und Gefahrenabwehr

Als ich die Einladung zu diesem Vortrag bekommen habe, habe ich mir erst einmal Gedanken über den Begriff Katastrophe gemacht und bei Wikipedia nachgeschaut. Unter „Wirtschaftliche Katastrophen" habe ich dort Hinweise auf die Weltwirtschaftskrise von 1929 und die Finanzkrise von 2007 gefunden http://de.wikipedia.org/wiki/Katastrophe. Für Katastrophen im engeren Sinne findet man dort folgende Definition: eine länger andauernde und meist großräumige Schadenslage, die mit normalerweise vorhandenen Möglichkeiten der Gefahrenabwehr nicht angemessen bewältigt werden und die nur mit überregionaler Hilfe und zusätzlichen Ressourcen unter Kontrolle gebracht werden kann. Das lässt sich sicherlich auch alles über die Finanzkrise sagen.

Die normale Form der Schadensabwehr in einer Marktwirtschaft ist die Pleite. Pleite bedeutet nämlich aus Sicht der Marktwirtschaft nicht zunächst Scheitern eines Unternehmens, sondern Ersatz eines nicht effizienten Unternehmens durch ein anderes. Vorausgesetzt man sieht die Marktwirtschaft wie Adam Smith als Einrichtung zum besten Nutzen des Verbrauchers. Verbraucher sollen möglichst günstige und möglichst gute Dienstleistungen bekommen. Wer diese nicht mehr anbietet, soll vom

Markt verschwinden. Anbieter interessieren nur insoweit, als sie dem Verbraucher nutzen.

Auch Banken können in die Insolvenz gehen. Seit den 50er Jahren des letzten Jahrhunderts sind rund 150 Banken in Deutschland pleitegegangen. Vielen Menschen, auch unseren Lesern, ist das nicht so klar. Deshalb haben wir eine Statistik für Finanztest zusammengestellt, als im Sommer 2008 die Weser Bank Pleite ging. Damals konnte man sehen, wie die klassischen Schutzmechanismen für Kunden im Fall einer Bankpleite, das heißt die Einlagensicherung, eigentlich funktionieren und wie lange es dauert, bis die Kunden ihr Geld wiederbekommen, das sie bei dieser Bank auf einem Spar- oder Tagesgeldkonto angelegt hatten. Es dauerte 4 bis 6 Wochen. Das war recht gut und so, wie wir es erhofft hatten.

An dem Beispiel kann man erkennen: Bei einer normalen Gefahrenabwehr haben die Kunden zwar begrenzt Ärger, bei den Banken sorgt jedoch dieses Einlagensicherungssystem für die Sicherheit der Spareinlagen. Das ist übrigens nicht nur in Deutschland so, sondern auch in den USA. Auch dort bekamen die Kunden bei den viel zahlreicheren Pleiten der letzten drei oder vier Jahre ihre Spargelder zurück. Es gibt dort seit den dreißiger Jahren eine Federal Deposit Insurance Commission – damals eingeführt von Präsident Roosevelt –, die bei den Banken Geld einsammelt und mit diesem Geld wurden die Kunden mit den Tagesgeldkonten und den Sparkonten bei den amerikanischen Banken abgefunden, sofern diese Banken pleite gegangen sind. Die Anteilseigner der Banken verlieren natürlich ihr Geld.

Genese der Finanzkrise

Ich möchte Ihnen noch einige Erläuterungen zur Politik der US-Notenbank und der US-Regierung geben. Wir alle haben in den Jahren 2008/2009 gehört, dass in den USA viele Menschen einen Immobilienkredit bekommen haben, die eigentlich nicht in der Lage waren, solche Immobilien zu finanzieren. Das war zunächst nicht etwa die Idee der Banken, sondern erklärte

Regierungspolitik des amerikanischen Wohnungsbauministeriums, das den Arbeitsauftrag an Fannie Mae und Freddie Mac herausgegeben hatte, mindestens 60 Prozent der Immobilien-Kredite an Kreditnehmer zu vergeben, die andernfalls keine Kredite bekommen hätten. Der politische Auftrag der beiden öffentlichen Banken war sozusagen, Vermögensbildung über Immobilien zu betreiben.

Hintergrund war ein Boom, eine Blase auf dem US-Immobilienmarkt. Kunden kauften in den neunziger und frühen zweitausender Jahren eine Immobilie für beispielsweise 200 000 Dollar in der Hoffnung, dass sich der Wert dieser Immobilien in den nächsten zehn Jahren wie in den vorausgegangenen 10 Jahren verdoppeln würde.

Die Finanzierung sah dann auch so aus, dass man nicht etwa den Kredit tilgte, sondern lediglich die Zinsen bezahlte. Man rechnete damit, dass sich der Wert der Immobilie in 10 Jahren verdoppelt haben und sich so die Immobilie von selbst entschuldet haben würde. Zum Teil war es sogar so, dass nach 10 Jahren weitere Kredite auf die (teilentschuldete) Immobilie aufgenommen wurden, anstatt zuvor etwas abzubezahlen.

Das Geschäftsmodell Immobilie funktionierte über mehr als ein Jahrzehnt. Ich habe Freunde in Washington, die für 150 000 Dollar ein Haus gekauft und es 6 Jahre später für 400 000 Dollar wieder verkauft haben. Dann haben sie sich mit dem Geld das nächstgrößere Haus gekauft und hoffen, dass das System so weiter geht.

Die Kredite wurden nicht von den Banken direkt vergeben, sondern über Kreditvermittler, die ähnlich wie Versicherungsvermittler in Deutschland arbeiten und ausschließlich vom Verkauf von Kreditvolumen leben. Die Bonität des Kunden prüfen sie nicht, das ist wiederum Aufgabe der Bank. Die Bank vergibt dann den Kredit, packt ihn mit anderen Krediten zusammen und verkauft das Paket an der Wallstreet weiter. Deutsche Landesbanken haben diese Kredite gerne gekauft. So war das System.

Das erste Problem war also, dass man Kredite an Leute vergeben hat, die diese in Krisenzeiten nicht bezahlen konnten.

Das zweite Problem an dem System nenne ich „die Gier der Banker". Bei diesen Geschäften – dem Verpacken der Kredite und dem Weiterverkaufen – geht es im Wesentlichen um kurzfristig zu erzielende schnelle Gewinne und hohe Boni. Man kann das am schönsten an der Tatsache sehen, dass die berühmte Lehman Bros. Bank, die 2008 pleiteging und den Höhepunkt der Finanzkrise herbeiführte, wenige Monate zuvor noch für das Geschäftsjahr 2007 rund 5,7 Mrd. Dollar an Boni ausgeschüttet hatte. Das war Geld, welches wenige Monate später fehlte, um über die Runden zu kommen. Die Boni blieben bei den Bankangestellten und wurden nicht zurückgefordert.

Doch nicht nur amerikanische Banker waren gierig. Auf der anderen Seite des Atlantiks kauften die deutschen Landesbanken diese verpackten Kredite. Sie waren mit AAA bewertet und die Banker gingen davon aus, dass man sich nicht sehr intensiv mit der Sicherheit dieser Papiere beschäftigen müsse. Deutsche Landesbanken hatten eine Menge Liquidität. Sie kauften diese Papiere und an der Wallstreet sprach man im Zusammenhang mit deutschen Landesbanken vom „stupid German money" – dummen deutschen Geld.

Interessant ist diesem Zusammenhang, dass beispielsweise die Norddeutsche Landesbank solche Papiere nicht in ihrem Portfolio hatte, und das aus einem ganz einfachen Grund: Hartmut Möllring, der Finanzminister des Landes Niedersachsen, qua Amt auch Verwaltungsratschef der Norddeutschen Landesbank, verbot nach seinem Amtsantritt den Bankiers 500-seitige englischsprachige und für sie unverständliche Verträge zu unterzeichnen. Das reichte aus, um dafür zu sorgen, dass die Nord LB solche Verträge nicht in ihrem Portfolio hat.

Wahrnehmung der Krise

Die Krise ist nicht erst 2008 aufgekommen und auch nicht erst 2008 sichtbar geworden. Sie war das ganze Jahr 2007 über gut sichtbar. Wir haben im Finanztest im Jahr 2007 über die Immobilienkrise und die möglichen Weiterungen ausführlich ge-

schrieben, zum Beispiel hier: http://www.test.de/US-Immobilien
krise-Antworten-auf-Ihre-Fragen-1564343-0/.

Interessanterweise spielte dieses Krisenthema aber von Früh-
jahr bis Sommer 2007 am Finanzmarkt in Deutschland keine
große Rolle. Es war es sogar so, dass der Dax im Frühsommer
2007 neue Höchststände erklommen hatte und bei 8.200 Punk-
ten landete, obwohl es die Finanzkrise im Grunde schon gab und
die gesamte angelsächsische Wirtschaftspresse schrieb, dass es
eine Finanzkrise geben würde und sie möglicherweise gravie-
rend sei. Das beschäftigte uns sehr, vor allem deshalb, weil viele
Kleinanleger von der Krise betroffen sein konnten, vor allem
wenn sie in Zertifikaten angelegt hatten.

Eigentlich sind viele Zertifikate Anlagepapiere, die der
normale Mensch nicht verstehen kann und die meist ungeeignet
sind, so dass man potentielle Kunden im Grunde davor warnen
muss.

Das ganze Jahr 2007 über veröffentlichten wir eine Serie
über Zertifikate und mussten zu unserer Überraschung feststel-
len, dass unsere Leser dieses Thema nicht im Geringsten interessierte. Das wunderte uns sehr, weil wir sahen, dass in diesen
Markt bis Ende 2007 135 Milliarden Euro investiert worden
waren, und zwar vor allem von Kleinanlegern.

Wir sahen also auf der einen Seite, dass immer mehr investiert wurde, unendlich viele von diesen Papieren auf den Markt
kamen, und (auch in Baden-Württemberg, die Börse in Stuttgart
ist der größte Zertifikate-Handelsplatz in Europa) gleichzeitig
interessierte es die Leserinnen und Leser nicht. Wir konnten es
zuerst nicht verstehen, erst später wurde es uns klar, und um es
vorweg zu nehmen: Die Menschen wussten überhaupt nicht,
dass sie ein Zertifikat haben. Sie glaubten, sie hätten eine
Anleihe. Mit dem Begriff Zertifikat konnten sie nichts anfangen,
und die Diskussion mit unseren Leserinnen und Lesern wurde
erst richtig munter, als wir ihnen sagten, dass sie im Grunde eine
Wette mit der Bank abgeschlossen hatten.

Risiken von Zertifikaten

Zertifikate als Wetten bergen zwei Risiken: Das erste Risiko ist, dass der Kunde die Wette verliert und die Bank schlauer war. Das zweite Risiko ist: selbst wenn der Kunde die Wette gewinnt, muss der Wettpartner ihn auch auszahlen können. Wenn er wirtschaftlich nicht mehr existent ist – wie zum Beispiel Lehman, dann zahlt er den Kunden nicht aus, und der Kunde bekommt dieses Geld nicht zurück.

Während wir 2007 die Zertifikate-Serie veröffentlichten, internationalisierte und verschärfte sich die Finanzkrise. Zu beobachten war ein rapider und unglaublicher Vertrauensverlust auf den Finanzmärkten, das heißt vor allem unter den Banken. Es war im Sommer 2007 mittlerweile so, dass europäische Banken abends große Summen auf das krisenfeste Konto der Europäischen Zentralbank einzahlten und es am nächsten Morgen wieder abhoben. Vor der Finanzkrise hatten sie versucht, das Geld abends noch gewinnbringend bei einer anderen Bank unterzubringen.

Dieser Interbankenmarkt war bis Sommer 2007 sehr aktiv und sorgte im Alltag dafür, dass die Geldinstitute jeweils über genügend Liquidität verfügten. Genau dieser Markt trocknete jedoch von Herbst 2007 bis Sommer 2008 praktisch völlig aus, so dass die Europäische Zentralbank Tagesgeld in Höhe von mehreren 100 Milliarden Euro zur Verfügung stellte, um für Liquidität zu sorgen, weil die Banken sich untereinander kein Geld mehr liehen http://www.ft.com/intl/cms/s/2/d3508ac0-c6 87-11e1-943a-00144feabdc0.html#axzz2DG1La59P.

Hinzu kamen die ersten Beinahe-Pleiten: Zum Beispiel die der IKB, von der Sie vielleicht schon gehört haben. Die Industrie-Kredit-Bank in Düsseldorf galt als eine seriöse Bank und hatte mit ihrer Tochterbank in Irland diese amerikanischen Papiere gehandelt. Sie war damit sehr erfolgreich, im Geschäftsbericht 2007 wurde das Geschäftsjahr 2006/2007 als das erfolgreichste in der Geschichte gefeiert, was unter anderem dazu führte, dass der Bankvorstand zusätzlich zu 500 000 Euro

Festgehalt einen Bonus von 1 000 000 Euro bekam und die Tantiemen der Aufsichtsräte verdoppelt wurden. Vier Wochen nach Veröffentlichung des Jahresberichts war die Bank stehend KO, die KFW musste Milliarden Euro in das angeschlagene Geldhaus pumpen. Der Aufsichtsrat war zwar mit Fachleuten besetzt, die jedoch hatten sich dieses Geschäftsmodell nie richtig angesehen. Kontrolle fand nicht statt.

Ein anderes Modell kann man im Fall der Sächsischen Landesbank, die später von der Baden-Württembergischen Landesbank gekauft wurde, betrachten. Auch hier hatte die irische Tochter Immobilienvehikel in einer Größenordnung von 40 Milliarden Euro vertrieben; auch dieses Geschäft wurde an die Wand gefahren, und man verstand in Sachsen noch nicht einmal, warum. Die 21 Mitglieder des Verwaltungsrates waren nicht in der Lage, die Geschäfte der Landesbank zu verstehen und haben sich auch nicht darum gekümmert. (http://www.test. de/ABS-und-Geldmarktfonds-Richtig-handeln-in-der-Krise-157 4798-0/.)

Jetzt stellen Sie sich vielleicht die Frage, warum sich die Landesbanken überhaupt mit diesen Geschäften befasst haben. Die Antwort lautet: Weil es hier scheinbar leichtes Geld zu verdienen gab. Landesbanken sind staatliche Einrichtungen. Sie haben daher höchste Bonität und kommen selbst einfach und billig an Geld. Das Geschäftsmodell, in das sie hier investiert haben, funktioniert durch Fristentransformation; ich gebe Ihnen ein fiktives Beispiel: Eine Bank organisiert für die Stadt Los Angeles einen langlaufenden Kredit über 2 Milliarden Dollar für ihre neue Kanalisation – mit entsprechender Verzinsung; das Geld organisiert die Tochterfirma der Bank, indem sie selbst immer wieder kurzfristig Geld aufnimmt und dafür weniger Zinsen zahlt. Als staatliche Organisation hat man das Geld auch immer bekommen. Der Zinsunterschied zwischen dem kurzfristig geliehenen und dem langfristig verliehenen Geld war so groß, dass es ein gutes Geschäft zu sein schien. Das Problem war nur, das die Landesbank ihren Kreditgebern versichern musste, dass das Geld sehr sicher weiterverliehen sein würde, das heißt die Geldnehmer, die Landesbank und etwaige Töchter mussten ein AAA Rating haben. Als die Banktöchter teilweise dieses Rating verloren, hatte der Kreditgeber das Recht, sein Geld kurzfristig zurückzufordern. Und genau das geschah immer häufiger in der Finanzkrise.

Das krasseste Beispiel für eine solche Kaskade bildeten die Geschäfte der Hypo Real Estate.

Jeder Woche kamen im Herbst 2008 Meldungen, dass die Hypo Real Estate weitere Milliarden brauchte; das waren genau die Summen, die von den Verleihern zurückgefordert wurden. Die Bundesrepublik musste die Großbank HRE retten.

Seither hat die Bundesrepublik Deutschland die Papiere der HRE in den Büchern, die eventuell sogar werthaltig sind, falls die Stadt Los Angeles aus unserem Beispiel ihre Schulden zurückzahlt. Möglicherweise ist das aber nicht der Fall und dieses Risiko tragen jetzt wir, die Steuerzahler. Unnötig zu erwähnen, dass bei Finanztransaktionen in diesen Dimensionen die Gehälter und Boni der dort beschäftigten Bankmanager bis zur Krise kräftig stiegen.

Bei der dritten Beispiel-Bank aus Deutschland, der Commerzbank, wurden 18 Milliarden Euro Steuergelder verwendet, um die Anteile an der Bank zu kaufen. Dieses Geld bekommen wir Steuerzahler vorläufig nicht zurück. Die Aktie der Commerzbank liegt zurzeit bei 1,60 Euro. Als wir sie übernommen haben, lag sie etwa bei 20 Euro, früher teilweise noch höher. Der Bund beziehungsweise der Steuerzahler wird die Entwicklung noch eine Zeitlang beobachten und die Aktien dann wieder verkaufen.

Haben nur die Großbanken versagt? Die deutschen Sparkassen ließen immer verlautbaren, dass sie von der Finanzkrise nicht betroffen seien, doch das stimmt nur teilweise. Sie haben bei der Aufsicht der Landesbanken, die ihnen zum Großteil gehörten, auch nicht aufgepasst. Sie waren nur deshalb nicht betroffen, weil beispielsweise in Baden-Württemberg und Bayern die

Landesbanken die Anteile der Sparkasse übernommen haben. Das macht allein in Bayern ca. 6 Milliarden Euro aus.

Keine der bisher genannten deutschen Krisen-Banken ist bisher pleitegegangen, unter anderem deswegen, weil sie als systemrelevant erachtet wurden. Sie sind systemrelevant, weil wir erstens Banken brauchen für die alltäglichen Geschäfte (um die sich die Banken lange nicht gekümmert haben) und zweitens das Pleitegehenlassen einer großen Bank Folgen haben kann, die nicht absehbar sind. Viele Banken wissen nicht, was genau in ihren Büchern steht, und wollen es auch nicht verraten. Damit verspielen sie Vertrauen.

Nicht Krise, sondern Katastrophe

Damit komme ich zu einer Kernfrage: Warum beschäftigen wir uns so intensiv mit den Banken, warum reichen die normalerweise vorhandenen Mechanismen zur Krisenabwehr nicht aus, warum also konnte es zur Katastrophe kommen? Auch weil wir das Ganze nicht verstehen und durchschauen.

Weder die Politik im Großen noch der Verbraucher im Kleinen. Wenn Sie einen Joghurt im Supermarkt gekauft haben, der nicht schmeckt, werden Sie diesen Joghurt nicht mehr kaufen. Wenn Sie ein Bankgeschäft machen, zum Beispiel der Bank Geld anvertrauen auf 5 oder 10 Jahre, damit sie das Geld vermehren möge, werden sie erst in 5 oder 10 Jahren merken, ob die Bank Ihr Geld tatsächlich vermehrt hat. Möglicherweise ist es dann zu spät und Sie haben auch nicht die Möglichkeit, sich dieses Geld wieder zurückzuholen. Das heißt, das Versprechen der Bank ist nicht konkret, konkret sind nur die Gebühren, die die Bank immer bereits am Anfang des Geschäfts von Ihnen kassiert. Bankgeschäfte sind Vertrauensgeschäfte und eigentlich müssten die Mitarbeiter der Banken besonders darum bemüht sein, das Vertrauen Ihrer Kunden zu gewinnen, denn sie wollen ja, dass sie ihnen das Geld weiterhin anvertrauen. Sie sind auch gesetzlich verpflichtet, besonders vertrauenswürdig zu sein.

In der Anlageberatung gibt es bereits seit den neunziger Jahren eine Vorschrift des Bundesgerichtshofs, wie eine Beratung durchgeführt werden muss. Spätestens seit 2007 gibt es eine europäische Regelung (MiFID), die besagt, dass es eine anleger- und anlagegerechte Beratung bei Wertpapieren geben muss. Es gibt sie allerdings nach wie vor nicht. Zur Erläuterung: anlegergerecht heißt, dass der Bankberater Sie nach ihrem Einkommen, nach den Familienverhältnissen und den finanziellen Verhältnissen fragen muss, um mit Ihren Antworten eine vernünftige Beratung durchführen zu können. Das ist ähnlich wie beim Arzt. Anlagegerecht heißt, dass das angebotene Produkt ihre Anforderung erfüllen soll.

Das erste Problem dabei ist, dass Bankangestellte und Kunden das nicht wollen. Für die Banker ist es viel zu zeitaufwändig; sie wollen schnell zu einem Abschluss kommen. Außerdem ist man leichter haftbar zu machen, wenn man mehr über den Kunden weiß und ihm dann das falsche Produkt verkauft. Die Kunden wollen es nicht, weil es nach wie vor vielen Menschen unangenehm ist, über ihre finanziellen Verhältnisse zu sprechen. Das ist die Situation, die dazu führt, dass es schlechte Beratung gibt.

Wie schlecht die Beratung wirklich ist, haben wir uns nicht träumen lassen. Ein Jahr nach dem Höhepunkt der Finanzkrise haben wir Testkunden in 21 Banken geschickt, um 30 000 Euro über 5 Jahre anzulegen. Dabei ist ein Drittel der Kunden nicht nach seinem Vermögen, zwei Drittel sind nicht nach ihrem Einkommen gefragt worden – nachzulesen in der Januarausgabe 2010 von Finanztest http://www.test.de/Anlageberatung-von-Banken-Keine-beraet-gut-1829939-0/. Nach diesem Ergebnis kann jede vernünftige Beratung eigentlich nur Zufall sein. Der Banker, der Ihnen zu einem bestimmten Wertpapier geraten hat, weiß nichts über Sie und kann Sie daher auch nicht vernünftig beraten.

Wir führen über die Ergebnisse dieser Tests auch Gespräche mit den Bankvorständen und fragen sie nach den Kriterien für eine gute Beratung. Nach ihren eigenen Kriterien zu urteilen wären eigentlich alle 21 Banken in unserem Test mangelhaft gewesen.

Es gab viel Aufregung um die Ergebnisse und nach 6 Monaten wurde der Test wiederholt. Dieses Mal sollte das Geld über 10 Jahre angelegt werden. Vom Aufbau des Tests her hätten Wertpapiere empfohlen werden sollen, und nach den neuesten gesetzlichen Vorgaben hätte der Bankier nach der Beratung jeweils ein Beratungsprotokoll vorlegen müssen. Wir haben 146 Beratungsgespräche in 21 Banken geführt, 126 Mal ging es um Wertpapiere, bei denen nach der neuesten Gesetzeslage ein Beratungsprotokoll erstellt werden muss. Über die Hälfte der Protokolle hat gefehlt, teilweise bekamen die Testkunden die Protokolle auch nicht auf Nachfrage. Dies führt dazu, dass die Verbraucher ihren Banken nicht mehr vertrauen – und das zu Recht – und auch nicht mehr wissen, ob sie der Politik noch glauben sollen http://www.test.de/Banken-im-Test-Die-Blamage-geht-weiter-4113924-0/.

Abb. 1: Finanztest Dezember 2009 und August 2010

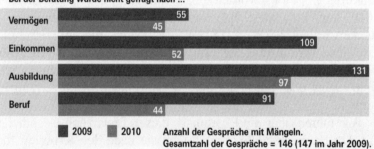

Tabelle 1: Beratungstest 2010 – nicht ausgehändigte Protokolle

Beratungsgespräche insgesamt:	146
Beratungsgespräche, bei denen ein Protokoll ausgehändigt werden musste:	126
Ausgehändigte Protokolle:	61
Nicht ausgehändigte Protokolle:	65

➜ Fehlerquote: Über 50 Prozent

Auswirkungen der Katastrophe auf Kunden und Steuerzahler

Als deutsche Steuerzahler müssen wir für eine Reihe von Schäden der Finanzkrise haften – Hypo Real Estate, IKB, Landesbanken und Commerzbank. Doch wie hat sich die Finanzkrise auf die Bankkunden ausgewirkt?

Im Herbst 2008 versprachen die Kanzlerin und der damalige Finanzminister vor den Fernsehkameras, für die Sparkonten der Bundesbürger zu garantieren, das war eine Woche nachdem sie für 500 Milliarden an Garantien für die Banken ausgesprochen hatten. Mittlerweile gibt es eine europäische Regelung, wonach innerhalb der EU 100 000 Euro pro Konto von Staats wegen garantiert sein müssen, wenn die Garantien der Banken nicht greifen. Damit sind Sparkonten, Sparverträge, Tagesgeldkonten und Festgeld sicher.

Sogar die Kunden der Lehman Brothers haben von der Absicherung der Spar- und Festgelder profitiert, allerdings nicht die Privatkunden. Aber ca. 1000 institutionelle Kunden in Deutschland haben 6,7 Milliarden Euro aus dem Einlagensicherungsfonds erhalten, darunter zum Beispiel die Barmer Ersatzkasse 280 Millionen.

Nicht abgesichert sind damit Anlage in Aktien und Aktienfonds, problematisch sind Anleihen und Zertifikate. Anleihen, weil der Kunde mit Zinsen eine sichere Anlage verbindet, Zertifikate, weil sie Wetten darstellen.

Welche Auswirkungen hatte nun die Finanzkrise auf die Verbraucher? In erster Linie hatte sie Auswirkungen auf die Aktionäre. Von Sommer 2007 bis Frühling 2008 fiel der DAX von 8200 auf 4200 Punkte. Das war weniger ein Problem für diejenigen, die Vertrauen in die Firmen hatten, bei denen sie ihr Geld angelegt hatten und die langfristig planten, weil der DAX danach wieder bis auf 7200 Punkte anstieg. Diejenigen, die jedoch kurzfristig ihr Geld brauchten oder keine guten Nerven hatten, verloren in dieser Zeit sehr viel Geld.

Es zeigt sich auch in der Praxis: Man darf in Aktien nur investieren, wenn man sich mit den Firmen intensiv beschäftigt und wenn man die nötige Ruhe hat, um nicht bei der ersten Krise zu verkaufen.

Interessanterweise gab es keinen Aktionärsaufstand, die Aktionäre haben den Kursverfall einfach hingenommen und sich teilweise aus dem Aktienmarkt zurückgezogen. Die Zahl der Aktionäre in Deutschland ist von 12,8 Millionen am Anfang des letzten Jahrzehnts auf 8,3 Millionen am Anfang dieses Jahrzehnts gefallen, das heißt, 4,5 Millionen Aktionäre haben sich endgültig verabschiedet und es sieht nicht so aus, als ob sie wiederkommen.

Die Fondsgesellschaft haben ganz eigene Konsequenzen aus der Flucht der Anleger gezogen. Sie kassieren jetzt mehr Geld von den übriggebliebenen Anlegern, indem sie auf teilweise unverschämte Art für erfolgreiches Wirtschaften zusätzliche Gebühren verlangen. Solche neuen Performance Fees werden teilweise schon bei 0 % Gewinn fällig oder die Fondsgesellschaft kassiert von allen positiven Erträgen bis zu 25 %. Verlustphasen werden nicht angerechnet. http://www.test.de/Investmentfonds-Gebuehrentricks-aergern-Anleger-1838547-0/.

Abb. 2: Fondgesellschaften führen vermehrt Erfolgsgebühren (performance fees) ein

Fonds	Isin	Auflage des Fonds	Einführung der Erfolgs-gebühr	Qualität des Fonds über 5 Jahre [⬆] Finanztest BEWERTUNG (Punkte)	Gestaltung der Erfolgsgebühr Erfolgsmaßstab	Betei-ligungs-rate (Prozent)	Berech-nungs-zeitraum	Berücksichtigung ... frü-herer Verlust-phasen	... sons-tiger Ge-bühren
DJE Dividende & Substanz P	LU 015 955 015 0	27.01.2003	27.01.2003	70,4	MSCI World[7]	10	Jährlich	Nein	Nein
Carmignac Investissement A	FR 001 014 898 1	26.01.1989	26.01.1989	69,3	10 %	10	Jährlich	Nein	Ja
C-Quadrat ARTS TR Global AMI (AGI)[12]	DE 000 A0F 5G9 8	07.12.2001	K. A.	67,4	3-Monats-Euribor	20	Monatlich	F	Ja
UniGlobal[3]	DE 000 849 105 1	02.01.1970	01.12.2008	67,3	MSCI World	25	Jährlich	Nein	Nein
Multi-Axxion InCapital Taurus[7]	LU 014 002 901 7	24.12.2001	24.12.2001	66,0	0 %	10	Jährlich	H	Ja
C-Quadrat ARTS TR Dyn. T[12]	AT 000 063 473 8	24.11.2003	24.11.2003	65,6	0 %	20	Monatlich	H	Ja
Sauren Global Opportunities[1]	LU 010 628 091 9	31.12.1999	31.12.1999	64,7	6 %	15	Jährlich	F	Ja
Advisory One T[2]	AT 000 073 728 3	28.06.2000	K. A.	64,7	0 %	15	Monatlich	H	K. A.
Johannes Führ-UI-Aktien-Global	DE 000 978 190 6	01.10.1997	01.10.1997	64,0	110 % MSCI World, mind. 0 %	[4]	Jährlich	Nein	Ja
smart-Invest Helios AR B (Axxion)[12]	LU 014 646 361 6	31.07.2002	31.07.2002	63,0	4 %	20	Jährlich	Nein	Ja
Sarasin EquiSar Global	LU 008 881 260 6	01.07.1998	14.08.2008	62,7	MSCI World, mind. 0%	10	Jährlich	Nein	Ja
Acatis 5 Sterne-Universal[1]	DE 000 531 713 5	21.03.2001	01.10.2009	62,3	6 %	10	Jährlich	Nein	Ja
DJE Absolut P	LU 015 954 868 3	27.01.2003	27.01.2003	62,0	MSCI Europe[7]	10	Jährlich	Nein	Nein
Sauren Global Growth Plus[1]	LU 011 557 937 6	30.06.2001	30.06.2001	60,6	6 %	15	Jährlich	F	Ja
Loys Global P	LU 010 794 404 2	21.02.2000	21.02.2000	60,2	0 %	10	Jährlich	Nein	Ja
Charisma AHM Dach (Axxion)[12]	LU 012 245 416 7	12.01.2001	K. A.	60,0	0 %	10	Jährlich	H	K. A.
HAIG Select Formel 100 B[1]	LU 009 034 447 3	01.10.1998	01.10.1998	59,9	5%	10	Jährlich	F	Ja
JPM Global Select 130/30 A (acc) USD	LU 008 829 802 0	29.05.1998	29.05.1988	59,3	MSCI World	10	Jährlich	F	Nein

Was passierte im Zertifikatemarkt: Wie ich bereits erwähnt habe, haben wir 2007 über das Thema Zertifikate berichtet, jedoch ohne größeres Leserecho. Das änderte sich erst mit der Pleite von Lehman, als 2008 der Markt für Zertifikate von 135 Milliarden auf 80 Milliarden Euro schrumpfte

Schäden gab es aber nicht nur für Käufer von Lehman-Zertifikaten, nicht mal vor allem. Es gab ca. 35 000 geschädigte Kunden durch Lehman, davon etwa 15 000 bei der Citibank (heute Targobank), der Rest vor allem bei der Dresdner Bank und den Sparkassen.

Deutlich mehr Kunden hatten vor der Krise sogenannte Bonus-Zertifikate gekauft; um diesen Bonus zu erhalten, müssen bestimmte Kriterien erfüllt werden. So darf zum Beispiel der Wert des Papiers, auf das sich die Wette bezieht, nicht unter einen bestimmten Wert fallen http://www.test.de/Zertifikate-

Durchblick-fuer-Anleger-1755252-1755260/. 75 % aller Papiere hatten jedoch diese Untergrenze verletzt, das heißt, die Anleger haben 2008 keinen Bonus bekommen. Der Schaden ist in der Summe sehr viel höher als bei den Lehman Verlusten, aber auch hier haben sich die Anleger nicht laut beklagt, teilweise, weil sie es nicht bemerkt haben, teilweise auch aus Scham. Viele Kunden trauten sich nicht zu sagen, dass sie von der Bank über den Tisch gezogen wurden, um sich nicht dem Vorwurf auszusetzen, gierig gewesen zu sein.

Lernen aus der Katastrophe

Was diese Art der Finanzprodukte angeht, konnten wir keine Lernkurve verzeichnen, die Anbieter werfen sie nach wie vor auf den Markt; ihre Zahl beträgt heute etwa 900.000. Diese Zertifikate sind für den normalen Anleger viel zu kompliziert. Sie verstehen nicht, was sie gekauft haben, und sie können es auch nicht verstehen. Teilweise wurden uns von unseren Lesern Zertifikate mit 210 Bedingungen zugeschickt.

Was geschah angesichts dieser ganzen Verluste? Die Banken wurden gerettet, mit Garantien und staatlichem Eigenkapital. Dafür wurden in Deutschland 480 Milliarden Euro bereitgestellt. In Großbritannien wurde noch viel mehr Geld ausgegeben, um die Banken zu retten, so dass jetzt die Royal Bank of Scotland und Lloyds dem Staat gehören, in Irland wurden die Banken gleich komplett gekauft. Ein amerikanischer Journalist hat die Anekdote überliefert, dass der irische Regierungschef die Garantien für die irischen Banken in einem Pub unterschrieben und von dort an die EU-Kommission gefaxt haben soll. http://www.guardian.co.uk/books/2012/sep/23/boomerang-michael-lewis-review.

Die Regierungen reagierten außerdem mit gigantischen Konjunkturpaketen wie zum Beispiel der Abwrackprämie in Deutschland. Die gravierendste Konsequenz jedoch war der Vertrauensverlust, der dazu führte, dass Gold und Bargeld unter dem Kopfkissen den Menschen als sichere Alternative erschien.

Das führt dazu, dass Menschen unmittelbar Geld verlieren, nämlich ihre Verzinsung. Viele Menschen machen sich auch Sorgen wegen der hohen Staatsverschuldung und der Garantien des Staates. Seit Monaten verkünde ich, dass der Rest der Welt Deutschland für den sichersten Platz für Geldanlagen hält und deshalb der deutsche Staat praktisch zinslos Geld aufnehmen kann. Unmittelbar damit hängt zusammen, dass die Lebensversicherungen zurzeit kaum Zinsen an ihre Kunden auszahlen können. Jeder erwartet von einer Lebensversicherung, dass sie das Geld der Kunden sicher anlegt, das heißt, sie sollte Papiere wie zum Beispiel die von Deutschland kaufen; diese Papiere bringen allerdings maximal 2 % Zinsen. Das Problem ist jedoch, dass sie den Kunden, die ihre Lebensversicherung vor 1999 abgeschlossen haben, 4 % garantiert hat. Die können jedoch nur erreicht werden, wenn bei der Geldanlage Risiken eingegangen werden.

Zurzeit werden auch wieder vermehrt Immobilien als Geldanlage gekauft. Dies ist in zweierlei Hinsicht problematisch: Erstens, weil die Kaufpreise so stark gestiegen sind, dass mit der Miete nur mehr schwer eine Rendite erwirtschaftet werden kann. Die Situation ähnelt der in den USA, die ich am Anfang beschrieben habe. Zweitens, weil oft Immobilien gekauft werden, die man vorher nicht selbst gesehen hat. Man sollte auf jeden Fall mehrfach und genau die Immobilien in Augenschein genommen haben, bevor man etwas kauft.

Gold muss als Geldanlage ebenfalls kritisch gesehen werden, weil der Wert zu stark schwankt, es ist keine sichere Anlage und Aktien sind es nur, wenn man die Zeit hat, sich intensiv damit zu beschäftigen.

Abb. 3: Aktien und Gold

Über vier Jahrzehnte gesehen liegen Aktien vor Gold

Die Grafik zeigt die Entwicklung des Goldpreises im Vergleich mit internationalen Aktien seit 1974. In den 70er Jahren, zur Zeit der Ölkrisen, hat Gold stärker zugelegt. Über den gesamten Zeitraum betrachtet stehen die Aktien (noch) besser da.

Wertentwicklung Gold und Weltaktienmarkt (in DM/Euro, log. Skalierung)

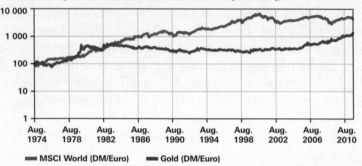

Quelle: Thomson Financial, Stichtag: 25. August 2011

Langzeitauswirkungen der Finanzkrise

Wie Sie gehört haben, habe ich an der eigentlich fälligen Lernkurve nach der Krise jedenfalls für Deutschland so meine Zweifel. Für die fällige Diskussion über die Lastenverteilung nach der Krise möchte ich Ihnen aber noch ein wenig empirisches Rüstzeug mitgeben. In der Hoffnung, dass Verursacher und Profiteure einen möglichst großen Teil der Kosten tragen:
Wo sieht man also die ökonomischen Langzeitauswirkungen der Finanzkrise:
- Die deutsche Wirtschaft schrumpfte im Jahr 2009 um rund fünf Prozent, das betraf vor allem die Bereiche Automobil, Maschinenbau und Chemie.
- Neben den Einkommensverlusten für Arbeitnehmer und Aktionäre ergeben sich hier auch langfristige Verluste.

Zum Beispiel werden die gesetzlichen Renten für künftige Rentner niedriger sein als ohne Krise.
- Im Bereich der privaten Altersvorsorge kommt es infolge der Glaubwürdigkeitsverluste zu weniger Vertragsabschlüssen und mehr Kündigungen von Vorsorgeverträgen.
- Die Steuereinnahmen von Bund und Ländern brachen von 561 Milliarden Euro im Jahr 2008 auf 524 Milliarden Euro im Jahr 2009 ein.
- Bankkunden müssen mit höheren Zinsen und Gebühren die Sanierung des Bankensektors bezahlen. Einige Beispiele finden Sie in den folgenden Grafiken.
- Die Bürgerinnen und Bürger müssen als Steuerzahler die Rechnung für die Sanierung der Banken bezahlen. Es drohen steuerliche Auswirkungen zur Finanzierung der Rettungsmaßnahmen.

Abb. 4: Dispozinsen 2008 und 2009

Abb. 5: Zinsentwicklung im Vergleich zum EZB-Leitzins
(Finanztest Oktober 2010)

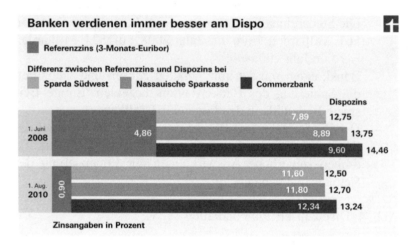

Abb. 6: Zinsentwicklung im Vergleich zum EZB-Leitzins
(Finanztest Oktober 2011)

Großer Abstand zum Marktzins

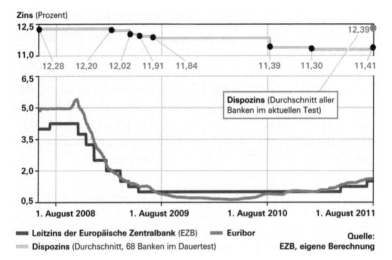

Zins (Prozent)

| 12,28 | 12,20 | 12,02 | 11,91 | 11,84 | | 11,39 | 11,30 | | 11,41 |

Dispozins (Durchschnitt aller Banken im aktuellen Test)

1. August 2008   1. August 2009   1. August 2010   1. August 2011

■■ Leitzins der Europäische Zentralbank (EZB)   ■■ Euribor
▨▨ Dispozins (Durchschnitt, 68 Banken im Dauertest)

Quelle:
EZB, eigene Berechnung

Den Verbraucher werden auch die politischen Langzeitveränderungen betreffen. Es gibt eine Abkehr von den Liberalisierungs-Konzepten der vergangenen 25 Jahre, vom Leipziger Parteitag der CDU über die Förderung des Verbriefungsmarktes im schwarz-roten Koalitionsvertrag bis zur Mindestlohndebatte heute.

Es bleibt eine tiefe Verunsicherung über die Finanz„märkte". Dazu passt ein Zitat aus der ZEIT, die in ihrem Dossier bemerkte: „Die Finanzmärkte haben die Macht nicht übernommen, sie wurde ihnen übergeben." (ZEIT Dossier 3.11.2011) Als Folge ist auch eine tiefe Verunsicherung über den Staat, über den Euro und über Europa zu spüren. Wer kann sich erklären, dass Spanien, ein Mitglied der Europäischen Union 5,56 % Zinsen zahlen muss, während ein Land wie Kolumbien, das zum großen Teil von einer Guerilla beherrscht wird, sein Geld für 3,07 Prozent bekommt?

Wie schlimm war nun die Katastrophe für uns wirklich?

Viele Menschen haben mit Aktien und Zertifikaten Geld verloren, manche haben Ihre Arbeit verloren, aber gemessen an der

Krise in anderen Ländern haben wir sie gut überstanden. Manche haben davon sogar profitiert.

Was die Altersvorsorge angeht, ist das Problem nicht in erster Linie die Finanzkrise, sondern die schlechte Beratung, die hohen Provisionskosten und die hohe Zahl derer, die diese Verträge kündigen und damit einen finanziellen Schaden erleiden. Das hat jedoch nichts mit der Finanzkrise im eigentlichen Sinne zu tun, sondern in erster Linie damit, wie in Deutschland Versicherungen verkauft werden. Grundsätzlich muss man sagen, dass die Banken- und Versicherungsberatung ein Desaster ist.

Die Politik ist mit der Darstellung der Krise überfordert. Sie erklärt uns die Probleme nicht und kann uns nicht vermitteln, dass Europa wichtig ist. Uns beschleicht das Gefühl, dass die Politik sich treiben lässt, und das darf nicht sein. In diesem Zusammenhang ist auch der größte anstehende Konflikt zu betrachten: Schaffen wir es, den Euro zu bewahren?

Letztendlich kommen wir als Steuerzahler für die Schäden auf, wir müssen jedoch als Souverän auf die Politik einwirken: der Euroraum muss zusammengehalten werden und wir wollen als Steuerzahler nicht die Rechnung für diejenigen bezahlen, die bereits hohe Boni bekommen haben.

Verbraucherschutz nach der Krise

Meine Hauptaufgabe als Chefredakteur von Finanztest ist der Verbraucherschutz. Als Verbraucherschützer möchte ich Ihnen zum Schluss noch drei Ratschläge mit auf den Weg geben, die helfen können, die Folgen der Krise für Sie als Verbraucher, das heißt für uns alle zu minimieren:

- Geldanlagen bewusst vornehmen. Erst Kredite tilgen, dann sicher anlegen, dann erst spekulieren. Es ist Unsinn Geld anzulegen, solange sie Ihren Hauskredit mit 5 % abzahlen.
- Sich weder von Ihrem Banker noch vom Versicherungsvermittler noch von der Politik nervös machen lassen. Denken Sie selbstständig.

- Ach ja, Sie sind ja nicht nur Kunden, Sie sind auch Steuerzahler. Als solche sollten Sie sich im ureigensten Interesse munter an den Debatten zu den Verteilungskonflikten beteiligen, die da kommen werden.

ADRESSEN DER REFERENTEN

Prof. Dr. Gerhard Paul
Universität Flensburg
Institut für Geschichte und ihre Didaktik
Auf dem Campus 1
24943 Flensburg

Prof. Dr. Dr. h.c. Volker Storch
Universität Heidelberg
Centre for Organismal Studies (COS)
Im Neuenheimer Feld 230
69120 Heidelberg

Prof. Dr. Henning Wrogemann
Kirchliche Hochschule Wuppertal/Bethel
Missionsstr. 9a/b
42285 Wuppertal

Prof. Dr. Hartmut Böhme
Humboldt-Universität zu Berlin
Institut für Kulturwissenschaft
Georgenstr. 47
10117 Berlin

Hermann-Josef Tenhagen
Stiftung Warentest
Redaktion Finanztest
Postfach 30 41 41
10724 Berlin